KB069117

맬더스가 들려주는
인구론 이야기

맬더스가 들려주는
인구론 이야기

글 김용조 · 그림 황기홍

|주|자음과모음

독자 여러분! 안녕하세요.

『맬더스가 들려주는 인구론 이야기』를 가지고 독자 여러분을 만나게 되어 무척 반갑습니다. 맬더스는 지금으로부터 219년 전『인구론』을 출간한 영국의 경제학자이지요.

우리들은 그동안 맬더스의『인구론』을 경제학의 고전으로 여기면서도 학생들이 읽기에는 너무 어렵고 딱딱하다고 생각해 왔습니다. 그래서 경제학자나 경제 전문가 그리고 경제학을 전공하는 학생들만이 읽는 책으로 이해하고 멀리했던 것이 사실입니다. 실제로 '고전은 명성만 있고 읽히지 않는 책'이라는 말이 있습니다.

그러나 이 책을 읽다 보면 그런 생각들은 단순한 걱정에 불과하다는 사실을 깨닫게 될 것입니다. 왜냐하면『인구론』에 관한 논평이 다음 두 사람에 의해 극명하게 차이가 나는데, 그것이 우리들의 지적 호기심을 자극하기 때문입니다. 1882년 구스타프 콘(Gustav Cohn)은『인구론』을 '지금까지 모든 국가경제에 기반이 되는 중요한 자연법'이라고 평가했던 반면, 1938년 독일 경제학자이자 사회학자인 베르너 좀바르트(Werner Sombart)는 '세계의 문헌 중 가장 멍청한 책'이라고 평가했습니다.

시대가 다르긴 해도 같은 책을 놓고 이렇게 다른 평가를 내렸다는 의미에서, 두 사람 중 누구의 평가가 올바른 것인지 궁금합니다. 독자 여러분께서 직접 『맬더스가 들려주는 인구론 이야기』의 세계로 여행을 떠나 직접 평가해 보지 않겠습니까?

이 책은 경제학자 맬더스가 다시 우리들 곁에 경제학 선생님으로 나타나 인구론을 학생 여러분들에게 직접 들려주는 강의 형태로 구성되어 있어 쉽게 읽을 수 있습니다.

여러분들이 교과서에서 배웠던 인구 문제, 저출산 문제 등의 내용을 이야기로 엮어내어 쉽게 이해할 수 있으며, 또한 여러분들이 상급 학교에 진학할 때 인구 문제나 저출산 문제, 지구의 생태 환경에 관한 논술 문제가 출제되었을 경우 맬더스 교수님의 강의 내용이 많은 도움이 될 것입니다.

더욱 중요한 것은 이 책을 통해 글로벌화된 지구촌 경제에서 인구 문제로 파생된 심각한 식량 부족 사태와 각 나라의 지나친 이산화탄소 배출로 인한 환경 오염 문제 등 21세기 국내외 경제 문제들을 해결해 나가는 안목과 식견을 가질 수 있을 것입니다.

끝으로 이 책을 출판해 주신 (주)자음과모음의 사장님과 편집을 맡아주신 편집부 여러분께 감사드립니다.

2017년 4월
김용조

인류가 채집이나 수렵 생활을 하던 시대에는 적은 수의 인구가 먹을 것을 찾아 옮겨 다니며 살았다. 그러나 신석기 시대에 들어 농업이 시작되면서 생산량이 훨씬 많아져 더 많은 수의 사람들을 부양할 수 있었다. 이로 인해 인구가 차츰 증가하기 시작했다.

중학교	사회 1	V. 인구 변화와 인구 문제
	사회 3	VI. 인구 성장과 도시 발달
고등학교	경제	V. 세계 시장과 한국 경제의 미래 전망

오랫동안 느린 속도로 증가하던 인구는 산업 혁명을 거치면서 그야말로 기하 급수적으로 증가하였다. 산업 혁명이 진행되던 약 200년 동안 전 시대에 비해 인구 증가율이 3배나 높았다는 기록을 통해서도 당시의 급격한 인구 증가를 짐작할 수 있다.

최근 세계가 당면하고 있는 문제는 세계의 인구가 지나치게 증가하고 있다는 것이다. 기원 원년에 3억 명이던 인구가 19세기 초에는 10억 명으로 증가하였고, 현재 인구는 약 74억 명이다. 이처럼 엄청난 인구 증가는 자연 환경 파괴, 식량 부족 등 여러 가지 문제를 낳고 있다.

	세계사	토머스 로버트 맬더스	한국사
1766		영국 서리주 길드포드에서 출생	
1773	영국, 노스규제법 통과, 인도 식민지 지배		정조, 규장각 설치
1776	미국의 독립선언		
1783	미국 독립	워링턴에 있는 케임브리지 대학교의 지저스칼리지로 진학	
1784			
1789	프랑스 혁명		
1791		성공회 성직자로 서품	
1793			장용영 설치
1794			문체반정
1798		『인구론』 초판 출간	
1799	나폴레옹 집권		
1801			신유박해
1804		해리어트 에커설과 결혼	
1805		헤일리버리 동인도 대학의 영국 수석 교수 부임	
1811			홍경래의 난
1816	유럽, 빈회의 시작		
1818		영국 왕립 학회 회원	정약용, 『목민심서』 저술
1820		『정치 경제 원리』 출간	정약용, 『목민심서』 저술
1832	영국 상선 애머스트호, 최초로 통상 요구	1830년 프랑스 7월 혁명	
1834		심장마비로 사망, 바스 대성당에 묻힘	

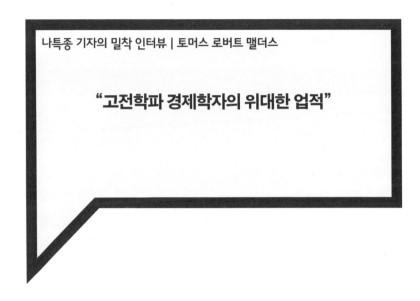

"고전학파 경제학자의 위대한 업적"

여러분 안녕하세요. 나특종 기자입니다. 오늘은 1798년에 『인구론』을 발표하신 맬더스 선생님께서 재미있고 유익한 이야기를 들려주실 것입니다. 그럼 수업을 시작하기에 앞서, 맬더스 선생님을 모시고 선생님의 인생에 관한 이야기를 들어 보도록 하겠습니다.

안녕하세요. 선생님. 만나 뵙게 되어 반갑습니다. 먼저 간단한 자기 소개를 부탁드리겠습니다.

반갑습니다. 나는 1766년 2월 13일에 영국 루커리에서 태어났어요. 집안에서는 여섯째 아이이자 둘째 아들이었지요. 내가 유명하게 된 건 1798년에 쓴 『인구론』이라는 책 때문이었지요. 그래서 이번

강의에서 『인구론』에 관한 재미있는 이야기를 여러분께 들려 주고
자 합니다.

어린 시절, 선생님은 어떤 분이셨나요? 선생님의 아버지인 다니엘 맬더스
(Daniel Malthus)는 영국의 전형적인 신사로 독서와 토론을 즐기신 당대의 괴
짜이셨다고 하던데요?

허허, 잘 알고 있군요. 아버지는 할아버지로부터 많은 유산을 물
려받은 지역의 유지(有志)로서 말 그대로 영국 신사셨죠. 루소(Rous-
seau, Jean Jaques), 볼테르(Voltaire), 데이비드 흄(Hume, David) 등 당시
의 저명한 학자들과 친하게 지내곤 하셨죠. 1800년에 아버님이 돌
아가시자 『젠틀맨스 매거진』이라는 잡지는 아버지를 '문자 그대로
기인이었다'고 평가하기도 했답니다. 루소와 같이 지방으로 식물 채집
여행을 가기도 하고, 식물 표본집을 루소로부터 선물로 받은 적도
있었죠. 호기심이 많은 당시의 신사들처럼 아버지도 토론과 독서를
참 좋아하셨는데, 대화 상대자로 내가 선택되는 경우가 많았답니다.
내 이야기라 좀 쑥스럽긴 하지만 어린 시절부터 남달리 총명했다고
말할 수 있겠죠?

그럼 선생님의 학창 시절은 어떠하셨나요? 좋아하는 과목과 기억나는 대학
생활이 있으면 말씀해 주세요.

아버지는 나를 성직자로 만들기 위해 케임브리지 대학 지저스칼
리지에 입학시켰습니다. 나는 주로 수학을 공부하면서 윤리학, 물리

뉴턴
『자연 철학의 수학적 원리』에서 뉴턴은 우주에 존재하는 모든 물체 사이에는 서로 끌어당기는 힘(만유인력)과 세 가지의 운동 법칙인 관성의 법칙, 가속도의 법칙, 작용과 반작용의 법칙을 이야기하고 있습니다.

학, 철학 등 광범위한 분야의 서적들을 읽었고, 특히 뉴턴(Sir Isaac Newton)의 『자연 철학의 수학적 원리(Philosophias Naturalis Principia Mathematica)』(1687)에 매료되었지요. 나는 유머와 재치로 사람들을 웃길 줄 아는 '케임브리지맨'이었답니다.

당시 사람들은 모두 돼지꼬리처럼 머리를 땋았는데, 나는 금빛 곱슬머리를 어깨까지 늘어뜨리고 다녔죠. 더군다나 당시 대부분의 학생들이 머리에 흰 분가루를 묻히고 다녔는데, 저만 핑크빛 분가루를 고집하였답니다. 요즘으로 말하면 펑크족이었다고나 할까요? 그런 점에서 보면 유행의 최첨단을 걸었던 거죠.

그후 1788년에 수학과를 우등으로 졸업하고, 특별연구원이 되었어요. 1791년에는 석사학위를 받고 나서는 영국 국교회(성공회)의 성직자가 되었습니다.

선생님은 『인구론』에서 인구 억제를 위한 방법으로 늦게 결혼할 것을 주장하셨는데요. 선생님의 이론과 주장에 따라 선생님도 늦게 결혼하셨나요?

1804년, 38세에 이르러서야 클레버튼에서 해리어트 에커설과 결혼하고, 그 후 채 3년도 안 되어 2남 1녀를 두었지요. 이를 두고 나를 비난하는 사람들도 있었지만, 결혼을 하지 않는 것이나 자식을 낳지 않는 것은 성직자로서 교리에 어긋나는 행동을 하는 것이라고 판단했었어요. 의도한 것은 아니었지만 결과적으로는 늦게 결혼해야 한다는 제 주장을 실천한 것이 되었네요.

하지만 케임브리지 대학은 결혼을 하면 학교를 떠나야 한다는 교칙이 있어 결국 케임브리지를 떠나게 되었지요.

그런데 선생님은 어떻게 정치 경제학과 교수가 되신 건가요?

1805년, 『인구론』의 평판 덕분에 잉글랜드의 헤일리버리 칼리지의 교수로 취임하게 되었지요. 헤일리버리 칼리지는 영국 정부를 대신하여 식민지 업무를 관장하는 동인도 회사의 인력 양성을 전담하던 학교였지요. 역사, 정치, 상업 등을 담당하는 영국 최초의 정치 경제학과 교수와 함께 영국 최초의 직업 경제학자가 되었어요. 그때는 정치 경제학을 위한 강좌가 어느 대학에서도 개설되어 있지 않았습니다.

그럼 『인구론』 외에 다른 저작들로는 또 어떤 것들이 있습니까?

말년에 『정치 경제학 원리(Principles of Political Economy)』(1820)를 비롯한 몇 권의 책과 소책자들을 저술했지요. 그중 『정치 경제학 원리』는 자본주의 사회에서 지주의 역할을 변호하기 위한 저술로 자본가의 공세에 대비하기 위한 것이었습니다.

노동자는 소비할 의사는 있으나 능력이 미치지 못하고, 자본가는 능력은 있으나 축적을 위해 소비할 의사가 없기 때문에 경제는 소비의 부족으로 과잉 생산의 불황을 맞게 되지요. 그래서 소비의 능력과 의사를 두루 갖춘 지주들의 낭비야말로 자본주의를 구하는 훌륭한 수단이 된다고 주장했던 것이지요.

생전에 경제학자 데이비드 리카도와 가깝게 지내셨다면서요? 리카도 선생님과 서로 다른 의견을 주장했다고 들었는데, 어떤 내용인가요?

아마도 1811년경 리카도에게 첫 서신을 보낸 것으로 기억합니다. 이후 리카도와는 토론 상대이자 절친한 친구로 지냈지요. 논쟁은 주로 서한 형식이나 방문으로 1823년 리카도가 사망하기 전까지 계속되었지요. 사실 리카도와 나만큼 서로 직업과 배경이 다른 사람도 없었을 것입니다.

> "사랑하는 맬더스, 나는 이제 끝났습니다. 다른 논쟁자들도 그렇겠지만 많은 토론을 통해서 우리는 우리 자신의 의견을 고수해왔습니다. 그러나 이러한 논쟁은 절대로 우리의 우정에 영향을 미치지 못할 것입니다. 또한 당신이 나의 의견에 동의한다고 해서 지금보다 당신을 더 좋아하지는 않을 것입니다."
> — 맬더스에게 보낸 마지막 편지(1823년 8월 31일, 리카도 사망 11일 전)

리카도는 네덜란드에서 영국으로 이민 온 유대인 사업가(은행가)의 아들이었고, 나는 영국 중상류 계급에 속하는 기인의 아들이었죠. 리카도는 14세 때부터 아버지의 사업을 도와 일을 시작하였고, 22세에는 아버지로부터 물려받은 자본금 800파운드로 독자적인 사업을 시작하였습니다. 26세 무렵에는 재정적으로 독립하고, 1814년 42세가 되던 해에는 50만 내지 160만 파운드의 재산을 모은 뒤 은퇴하였지요.

반면에 나는 일생을 대학에서 학문 연구에 전념했지요. 그런데 이상하게도 현실 세계에 관심을 더 많이 가졌던 사람은 학구적인 나였고, 이론가로서의 면모를 보인 사람은 사업가인 리카도였습니다. 리카도는 보이지 않는 법칙에 많은 관심을 가졌고, 나는 법칙들이 현실에서 과연 적용되느냐의 여부에 관심이 많았습니다.

그리고 리카도는 자신이 지주가 되었으면서도 지주의 이익에 반대되는 논리로 산업 자본가들의 이익을 대변한 반면에, 나는 소득이 많지는 않았지만 부유한 지주 계급의 이익을 대변하는 논리를 전개했다는 것이 큰 차이점이지요.

맬더스 선생님, 선생님께서 돌아가신 후 선생님의 묘비에는 "존경하는 토머스 로버트 맬더스를 기념하여 바친다. 그는 일찍이 정치 경제라는 사회 과학의 한 분야에 대해 훌륭한 저작, 특히 『인구론』을 세상에 남겼다."라는 글이 남아 있습니다. 그만큼 인류에 끼친 의미가 크다는 말씀이신데요, 이에 대해 어떻게 생각하시나요?

『인구론』이 세상에 미친 영향에 대해서는 이번 수업을 통해서 앞으로 공부하게 될 거에요. 나는 과잉 생산으로 인한 공황의 발생 가능성을 예측했으며 공황의 원인이 유효 수요 부족에 있다는 것을 최초로 언급한 경제학자였지요. 그리고 이러한 나의 견해는 다윈, 마르크스, 케인즈 등에 의해 계승 발전되었지요. 나의 학문이 후대의 위대한 학자들에게 영감을 주었다는 것이 너무도 자랑스럽습니다.

지금까지 맬더스 선생님과 짧은 인터뷰를 나누어 보았습니다. 그럼 이제 본격적인 수업을 시작해 볼까요?

『인구론』의 탄생

인간은 누구나 자기를 보존하려는 본능을 가지고 있습니다. 배고플 땐 음식을 먹어야 하고, 졸릴 땐 자야 하고, 추울 땐 몸을 따뜻하게 해야 합니다. 그러나 이렇게 삶을 영위하기 위해 필요한 자원은 한정되어 있죠. 그렇다면 이렇게 모자라는 자원을 어떻게 잘 나누어 가질 수 있을까요? 어떻게 우리 모두가 인간으로서의 행복한 삶을 잘 꾸려나갈 수 있을까요? 이 고민이 바로 '경제'의 출발점입니다.

나, 맬더스가 살던 18세기 후반 영국에서는 산업 혁명으로 인해 급격한 변화가 시작되고 있었습니다. 대부분의 경제 사학자들은 본격적인 산업 혁명이 일어난 시점을 1775년에서 1780년 사이로 보고 있는데요. 당시만 해

도 영국은 농업 국가로, 생산 도구는 단순했고 기술 수준 또한 낮았습니다. 여러분이 '경제학의 아버지' 로 잘 알고 있는 애덤 스미스가 『국부론』을 출판했던 1776년만 해도 영국은 아직 근대 산업 국가가 아니었습니다.

산업 혁명이 점차 성숙 단계에 들어감에 따라 공장의 생산 기술은 발전하고 상품의 대량 생산 또한 가능해졌습니다. 철도 등의 수송 수단도 발달하여 예전보다 자원을 효율적으로 집중 또는 배분할 수 있게 되었지요. 또한 은행이 발달하면서 공장을 짓고, 재화를 생산하는 데 드는 비용을 손쉽게 구할 수 있었으며, 한편으로는 농업

생산력도 크게 증대되었습니다.

그렇다면 이러한 산업 혁명으로 영국의 사람들은 다들 윤택한 삶을 누리고 행복해졌을까요? 불행히도 그렇지 못했습니다.

산업 혁명이 점차 빨라지면서 빈부(貧富)의 격차, 물가 상승, 인구 및 실업 등의 여러 가지 심각한 사회 문제가 나타나기 시작했지요. 게다가 인구도 빠른 속도로 증가했습니다. 이러한 변화를 직접 목격한 나, 맬더스는 『인구론』에서 인구의 증가가 적절히 제한되지 않는다면 머지않아 인류가 큰 사회적 문제에 직면하게 될 것이라고 주장했지요. 그럼 여기서, 내가 1798년에 발표한 『인구론』에 대한 내용을 배우기 전에 먼저 산업 혁명에 대해 자세히 살펴볼까요?

영국에서 시작된 산업 혁명

산업 혁명은 1760년대 이후, 사람들이 재화를 생산하는데 본격적으로 기계를 도입하면서 일어난 사회적인 큰 변화를 말합니다. 그럼 산업 혁명으로 사회는 점차 어떻게 변하게 되었을까요?

예전까지만 해도 주로 소규모 단위로 농사를 짓고, 농장을 운영하던 작은 농장들이 점차 큰 농장으로 변하기 시작했습니다. 따라서 농업 생산성도 크게 높았졌습니다. 또한 도시를 중심으로 공업화가 빠르게 진행되면서 농촌에서 농사를 짓던 인구들도 하나둘 도시로 몰려들기 시작했습니다. 도시에는 인구가 급격히 늘어나면서 사람들은 생계를 잇기 위해 적극적으로 공장이나 직장을 구하기 시작했지요. 그러자 도시에서 생산 수단을 보유하고 있는 자본가들은 이들을 적은 임금을 주고 노동자로 고용했습니다. 도시로 몰려든 인구들이 값싼 노동자로 전락한 것이지요.

여러 가지 기계들이 발명되면서 도시에는 점차 공장 제도가 발달했습니다. 산업 혁명이 일어나기 전까지만 해도 공장에는 기계와 이를 운영하는 사람들이 함께 작업을 진행했는데, 기계가 공장에서 차지하는 비중이 크게 늘어나면서 공장은 기계를 중심으로 돌아갔습니다. 공장의 중심에는 많은 자본이 투입된 기계가 설치되었고 오늘날과 같은 커다란 공장들이 등장하게 되었습니다.

이러한 변화에 따라 오랜 세월 동안 이어져 온 신분 제도도 점차 바뀌게 되었습니다.

주인과 종의 구분에 따라 지배자와 피지배자가 정해졌던 과거와는 달리, 자본가와 임금 노동자라는 새로운 관계가 형성되었습니다. 과거에는 신분 제도가 개인의 의지와는 관계없이 태어나면서부터 정해졌는데 산업 혁명 이후의 신분 제도는 계약에 의해 새롭게 생겼습니다. 그리고 이러한 자본가와 노동자 계급에 의한 자본주의는 산업 혁명을 거치면서 점점 더 확고히 자리잡게 되었습니다.

면방직 공업에서 점차 발전하기 시작한 산업 혁명은 점차 제철, 기계 제작 및 석탄 산업으로까지 확대되었습니다. 또한 제품을 생산하는데 필요한 원료를 공장으로 실어나르고, 완성된 제품을 배송하면서 운송 및 교통도 발달하였지요. 특히 이러한 산업 혁명은 영국에서 면방직 공업이 발달하면서 큰 폭으로 발전했습니다.

그런데 영국에서 산업 혁명이 시작될 수 있었던 이유는 무엇일까요?

영국은 일찍부터 세계를 무대로 무역에 종사하여 자본을 축적할 수 있었고 또 식민지를 가지게 되었습니다. 식민지를 통해 영국은 제품을 생산할 원료를 얻기가 쉬웠을 뿐만 아니라 상품을 소비할 넓은 시장도 확보할 수 있었습니다. 게다가 영국은 지하 자원이 풍부하고 시민 혁명 후 정치가 안정되어 산업 혁명의 기반을 마련했습니다.

18세기 초만 해도 옷을 만드는 데 필요한 면직물을 주로 인도에서 수입했던 영국은 면방직 공업이 발달하면서 길드 조직의 규제를 벗어날 수 있었습니다. 면직물을 생산하는 것은 양모보다 기계화가 훨씬 쉬웠고, 무엇보다도 신대륙에서 원료를 쉽게 공급받을 수 있었습니다. 이에 따라 면직물 공업 분야에서 기술 혁신이 이루어졌습니다.

이렇게 되자 1720년에 인도에서는 인도산 고급 면직물을 판매하는 것을 금지했습니다. 이로 인해 영국은 자국에서 생산된 면직물의 판매를 늘리고 면 공업을 발전시킬 수 있었습니다. 영국 사람들은 특히 서인도 제도에서 나는 면화를 원료로 무명을 만들었습니다. 감촉이 부드러운 무명은 튼튼하고 습기도 잘 흡수해 사람들에게 큰 인기를 끌었고 수출량도 점차 증가했습니다.

길드

유럽의 여러 도시에서 상공업자 사이에 결성된 각각의 직업별 조합을 말합니다. 제품의 품질이나 가격 등을 길드에서 통제하여 판매, 영업 등에서 독점적인 권리를 가지고 있었으며 자유 경쟁을 배제하여 각 개인의 자유로운 경제 활동을 제한했습니다.

항구로 실려 나가는 인도산 원면

    영국은 1760년대가 되면서 모직물을 만드는 데 쓰던 비사를 이용
해 면직물을 만들었는데 그러자 무명의 생산성은 크게 늘었습니다.
이제 무명을 생산할 원료인 면사가 부족해지자 자본가들은 방적 기
술을 발달시키고 새로운 기계를 발명해야 했습니다.

    이로 인해 1746년에 직물공이자 목수였던 하그리브스가 제니 방
적기를 발명했고, 1769년에는 아크라이트가 수력 방적기를, 1779년
에는 방적공이던 크럼프턴이 뮬 방적기를 발명했습니다. 원래 인도
로부터 면직물을 수입하던 영국은 뮬 방적기를 이용해 가늘고 강한
우수한 품질의 면사를 만들었고, 이제 이를 오히려 동양에 수출하게
되었습니다.

방적기가 빠른 속도로 발전하자 1769년에 와트는 증기 기관을 새로이 개량해 방적기를 움직이기 시작했습니다. 처음에 방적기는 동력으로서 물을 이용하였는데 이에 따라 공장도 강 옆에 세워졌습니다. 그러나 강물을 이용한다는 것은 공장이 들어서는 데 한계가 있고, 또 그런 곳은 교통도 불편하여 여러 가지 어려운 점이 많았습니다. 이처럼 어디서나 쉽게 얻을 수 있는 동력이 필요하던 때, 와트가 증기 기관을 발명했습니다.

방적기에 증기 기관이 동력으로 이용됨으로써 생산은 비약적으로 증가했습니다. 사람들은 와트의 증기 기관을 통해 석탄이 있다면 어디든지 큰 공장을 지을 수 있다는 사실을 알게 되었고 이것은 뮬 방적기와 증기 기관이 서로 결합해 시장이 있는 도시에 면직물 공장이 들어설 수 있는 계기가 되었습니다. 이러한 기계화의 힘으로 1830년에 영국에서 면직물이 차지하는 매출액은 총 수출액의 50%를 넘었으며, 그 이후에도 80%까지 이르게 되었습니다.

또한 기계 공업의 발달로 재화가 대량으로 생산되자 물건들을 빠르고 멀리 운반할 수 있는 교통 수단이 필요하였습니다. 19세기 초에 영국의 스티븐슨은 증기 기관을 단 기관차를 발명하였고, 1830년에는 리버풀과 맨체스터 사이를 달리게 되었습니다. 그 후 철도가 곳곳에 세워져 교통은 점차 빠르게 발달했습니다.

이러한 영국의 발전을 지켜본 주위의 국가들도 점차 새로운 기계들을 개발하며 본격적인 산업화를 추진하게 되었습니다. 면방직 공업에서 시작된 기계화는 모직물업, 금속 가공업으로 이어지고 점차 상업의 발전도 도모해 근대적인 금융 제도가 자리잡을 수 있었습니다.

이러한 산업 혁명으로 1850년과 1914년 사이 영국 사람들의 1인당 실질 소득은 약 2.5배 늘어났고 1914년에 이르러 영국은 유럽에서 생활 수준이 가장 높은 나라가 되었습니다.

하지만 앞에서도 말씀드렸듯이 산업 혁명은 빠른 속도로 사회를 발전시켰지만, 한편으로는 여러 가지 문제를 만들어내기도 했습니다. 이처럼 18세기 말과 19세기 초 영국은 급속하게 변화하던 시기로 수많은 사회·경제적 문제들이 전혀 해결되지 않은 채 이어지고 있었지요. 당시 사회의 모습을 다룬 책 가운데는 어둠침침한 공장에서 오랜 시간동안 일해야만 하는 소년, 소녀들의 모습을 다룬 책들도 많았답니다.

1837년 영국 작가 찰스 디킨스가 발표한『올리버 트위스트(Oliver Twist)』(1837)에서도 이러한 사회적 배경은 잘 나타나고 있습니다.

『올리버 트위스트』는 고아원에서 학대를 받고 자란 올리버가 탈출하여 런던의 도둑 무리에 들어가 여러 가지 어려움을 겪으면서도 착한 마음을 잃지 않아 마침내 죽은 아버지 친구의 양자가 된다는 내용입니다.

이 작품의 배경이 되고 있는 19세기 초 영국의 대도시 런던은 자본주의가 서서히 싹트던 시기로 각 계층간의 빈부 격차가 심했습니다. 산업 혁명으로 인한 산업 사회가 불러일으킨 물질 만능주의가 가져온 결과였지요. 산업 혁명은 현존하는 인류에게 참으로 놀라운

편리함을 가져다주었지만, 눈에 보이지 않는 어두운 면도 함께 가지고 있었습니다.

이 『올리버 트위스트』라는 책이 찰스 디킨스에 의해 쓰여질 때쯤 영국을 포함한 유럽의 대부분 지역이 많은 노동력을 필요로 하였고, 부녀자들과 어린 아이들까지도 열악한 노동 환경에 시달려야 했습니다. 당시 정부는 그 상황들을 그대로 방치해 두었을 뿐만 아니라 오히려 부추기는 경우도 있었습니다. 상황을 스스로 제어하지 못하고 흔들리는 무능력한 존재였지요. 찰스 디킨스는 이러한 사회의 모순을 비판하기 위해 『올리버 트위스트』라는 작품을 쓰게 되었습니다.

고드윈과 콩도르세의 낙관론에 반대하다

당시 사람들은 인구 문제에 대해서 일반적으로 인구는 많을수록 좋다고 생각했습니다. 예컨대 영국의 경제학자 윌리엄 페티(William Petty)는 '인구가 적다는 것은 곧 빈곤하다는 것을 의미한다.'라고 하여 인구는 많을수록 좋다는 인구 낙관론을 펼치고 있었지요. 그러나 1790년대에 이르러서는 다른 양상을 보이게 되지요.

산업 혁명의 결과, 유례없는 대량의 실업자가 발생하였고, 빈부의 격차가 확대되었던 것입니다. 또한

윌리엄 페티
중농주의의 선구자로서 노동 가치설을 주장하였으며, 저서 『정치산술』에서 사회 경제를 통계적으로 설명하려고 했지요. 또한 분업론에서도 애덤 스미스에게 많은 영향을 주었습니다.

19세기 들어 유럽 인구가 폭발적으로 증가하면서 많은 인구를 곧 부의 원천이라고 생각하던 개념에 변화가 생기기 시작했습니다.

1800년에 1억 9,000만 명이던 유럽 인구는 1900년에는 4억 2,000만 명으로 늘어났습니다. 특히 농촌 지역에서 일자리를 찾아 도시로 몰려든 신규 노동력 때문에 도시는 실업자들과 미숙련 노동자, 빈민자들로 가득 찼습니다. 하수도나 상수도 등 위생 시설이 갖춰져 있지 않고 주거 시설이 열악한 상황에서 도시 인구가 급증하자 비좁은 대도시의 거리는 쓰레기와 악취로 가득 찼습니다. 공중 보건은 엉망이고 일자리를 구하지 못한 미숙련 노동자와 실업자들은 굶주림으로 죽어 나가고 있던 상황이었습니다. 그러자 사람들 사이에서는 이렇게 넘쳐나는 인구 상황 속에서 경제가 과연 정상적으로 성장할 수 있을 것인가 하는 의구심이 생겨났습니다.

이러한 현실을 당시 영국의 지식인들은 어떻게 전망하고 있었을까요?

당시에 영향력 있는 지식인들은 사회를 대단히 낙관적으로 보았습니다. 영국의 정치철학자 윌리엄 고드윈(William Godwin)이 그 대표적인 사람이었지요. 그는 『정치적 정당성의 원리와 그것이 일반적 미덕 및 행복에 미치는 영향에 대한 연구』(1793)를 발표하며, "인간은 완전하다. 적어도 영원히 발전할 수 있다."라고 주장하였습니다.

즉 그는 인간의 본성이 선하다고 전제하고, 인간이 자신의 이성 및 과학의 발달을 통하여 완전해질 수 있다고 주장했지요. 그러면서 인간이 고통을 느끼는 근원은 나쁜 정부가 만든 결점 많은 제도와

기관들이라고 말하였습니다. 결국 그는 자본주의라는 제도를 문제삼은 것이지요.

고드윈은 인간이 이성으로 본능을 억제할 수 있으며, 자신의 수명을 무한히 연장시킬 수 있다고 보았지요. 또 인간이 관능적인 쾌락을 추구하는 것은 보다 높은 지적 쾌락을 모르는 데 원인이 있으므로 과격한 정책을 쓸 필요 없이 단지 교육을 통해서 이해시키기만 하면 결국 '질병과 고뇌와 우울함과 분개심이 없어지고 모든 사람이 오직 인류의 행복만을 추구하게 된다.'고 주장하였습니다.

또 프랑스의 콩도르세는 『인간 정신 진보의 역사적 개관』(1793)에서 과학 기술의 발전에 따라 식량은 점차 늘어나며, 인간이 이성적으로 판단하여 더 이상 인구를 늘리지 않음으로써 인구가 억제되어 인간의 행복은 달성될 수 있다고 주장했지요.

사회에 대한 이런 낙관적인 견해는 산업 혁명에 따른 실업과 생활수준의 문제, 물가 문제 및 경제적인 부조리에 신음하던 시민들에게 희망적인 내용이었습니다.

세상에 나온 『인구론』

아버지인 다니엘 맬더스 또한 사회를 낙관적으로 바라보았습니다. 그러나 나는 이에 동의하지 않았지요. 결국 아버지께서는 나의 주장을 책으로 만들어 보도록 권유하였어요.

인구론 표지

1798년에 익명(匿名)으로 『인구론』 제1판을 출판하게 되었습니다. 원래 제목은 『인구의 원리에 관한 소론-고드윈 씨와 콩도르세 및 기타 저술가의 연구를 논평하면서 장래의 사회개선에 미치는 영향을 고찰함』이었는데 이것이 이후에 세상에 알려진 『인구론』입니다.

산업 혁명 당시 가난한 사람들이 많아지면서, 부유한 지주들은 많은 재정적 부담을 안게 되었습니다. 가난한 사람들까지 먹여 살려야 했으니까요. 그런데 이에 대한 하나의 해결책을 무명의 젊은 목사인 내가 들고 나온 것입니다. 그 해결책이 바로 『인구론』에 있었던 것이지요.

『인구론』이 어떻게 출간되었는지 아시겠지요? 인구가 폭발적으로 증가하는 문제에 대해 아버지와 입씨름하다 홧김에 『인구론』를 썼다고 볼 수 있지요.

그런데 나는 왜 당시의 주류를 이루고 있던 지식인들의 의견과 다른 생각을 하게 되었을까요?

나는 사실 부자들을 옹호하는 사람이었어요. 부자들을 변호하기 위한 이론적 무기를 제공하기 위해서 1798년 『인구론』 제1판을 출판했지요.

『인구론』은 고드윈과 콩도르세 두 사람의 사상에 반대하는 것이었습니다. 사실 『인구론』 제1판이 출간 후 성공을 거둘 수 있었던 이유도 영국의 지식인들 사이에 열광적인 인기를 얻고 있던 이들을 공격 대상으로 삼음으로써 처음부터 폭넓은 독자들의 주목을 받았기

때문이었지요. 물론 내가 주목받기 위해서 의도적으로 두 사람을 비판한 것은 아니었습니다.

그럼 『인구론』에서 주장한 내용은 무엇이었을까요?

『인구론』에서 제기한 중요한 주제는 이런 것이었습니다.

첫째는, 어떤 개혁가가 자본주의의 여러 가지 나쁜 점들을 개선할 수 있다 할지라도, 기업의 경영을 통해서 부(富)를 축적하는 부유한 자본가 계급과 가난한 노동자 계급이라는 계급 구조는 없어지지 않는다는 것이었어요. 그리고 이러한 계급의 구조는 자연스러운 결과라고 믿었지요. 즉 고드윈과 그의 추종자들이 생각하는 가장 이상적인 형태의 사회가 된다 할지라도, 그것은 곧 우리가 지금 알고 있는 계급 형태의 사회로 다시 추락한다고 본 것이지요.

둘째, 비참한 빈곤과 고통은 모든 사회에 있어 대다수 사람들의 운명이라는 것입니다. 게다가 빈곤과 고통을 완화시키려는 어떠한 시도도 결코 성공할 수 없다고 생각했지요.

나는 "인간의 고통을 치료하고자 하는 특정한 처방을 비난해야 하고 또한 특별한 무질서를 완전히 없애 버릴 계획을 추진함으로써 인류에 봉사하고 있다고 생각하는, 자비롭지만 매우 잘못된 생각을 하는 사람들을 비난해야 한다."라고 했어요.

결국 빈곤의 원인이 사회 제도에 있는 것이 아니고 신의 섭리라고 생각했던 것이지요.

맬더스의 『인구론』

맬더스는 1798년에 『인구론』 제1판을 출판한 이후, 1803년에 『인구론』 제2판을 출판했고, 이후 1826년에 제6판까지 냈습니다. 제1판이 발행된 뒤에 맬더스는 널리 여행을 다니면서 자신의 이론을 뒷받침할 만한 증거를 수집하는데 힘을 썼습니다. 그 결과 제2판과 그 뒤의 여러 판에서 『인구론』은 보다 자세하게 저술되었지요.

오늘날 흔히 『인구론』이라 불리는 것은 제2판 이후의 개정판들이지요. 제1판과 제2판은 많은 점에서 차이가 있는데,

첫째로는 자신의 이름으로 출판했다는 점이고요.

둘째로는 역사적 사례를 풍부하게 수록함으로써 그 분량이 증가했다는 것입니다.

셋째로는 결혼을 늦게 하자는 만혼을 주장함으로써 제1판에서 지나치게 비관적인 세계관을 수정했다는 점이지요.

넷째로는 책의 표제를 '인구의 원리 또는 그것이 장차 야기할 폐해의 제거와 완화에 관한 전망에 대한 연구를 통해 본 그것이 인류의 행복에 미친 과거와 현재의 영향에 대한 고찰'로 바꾸었다는 것입니다.

그리고 제2판 이후의 수정은 그다지 중요한 변화를 담고 있지 않지만, 제1판에서 언급한 "인구는 제한 받지 않는 경우 기하급수적으로 증가한다."라는 표현을 최종판인 제6판에서는 기하급수라는 표현 대신 급수(progressions)로 바꾸었지요.

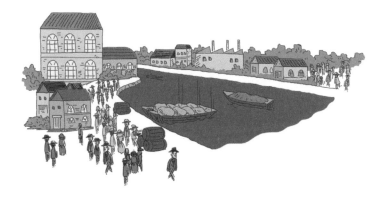

『인구론』의 가설과 인구 억제 방법은?

대부분의 이론이란 가정을 전제로 합니다. 인구론도 예외는 아니지요. 이번 수업에서는 그 가설과 인구 억제 방법에 대해 함께 알아보도록 합시다.

인구는 식량보다 폭발적으로 증가해요

이번 수업에서는 『인구론』의 가설과 주요 내용에 대해서 알아보도록 합시다.

『인구론』에서 내세운 가설에서는 "인구는 식량이 생산되는 것보다 빨리 늘어나기 때문에, 인류의 진보는 영원히 제약되어 있으며 또한 이러한 문제의 근원에는 다음과 같은 두 가지의 원인이 있다."고 보았던 거지요.

첫째는 식량이 인간의 생존에 꼭 필요하다는 것이며, 둘째는 남녀 간의 결혼을 통해 신생아가 계속 태어난다는 것이지요.

이러한 근거를 바탕으로 "인구는 기하급수적으로 증가하는데 반하여 식량 생산은 수확 체감의 법칙이 적용되기 때문에 산술급수적으로밖에 증가하지 못한다."고 주장하였지요.

그런데 '기하급수'와 '산술급수'라는 말이 어렵다고요? 그럼 『인구론』에 대해 본격적으로 살피기 전 아래의 내용을 먼저 배워봅시다.

여기서 기하급수(등비급수)는 어떤 수에서 시작하여 차례로 일정한 수를 곱해서 만든 수들을 말하는데요. 예를 들어 1, 2, 4, 8, 16······의 형태를 말합니다. 즉, 2를 계속 곱해가는 것이지요.

반면에 산술급수(등차급수)는 어떤 수에 차례로 일정한 수를 더해서 만든 수들을 말합니다. 예를 들어 1, 3, 5, 7, 9······의 형태인데요. 즉, 2를 계속 더해가는 것을 말합니다.

즉, 인구는 기하급수적으로 1, 2, 4, 8, 16, 32, 64, 128, 256, 512······의 속도로 증가하는 반면에 식량은 산술급수적으로 1, 2, 3, 4, 5, 6, 7, 8, 9, 10······의 속도로 증가한다고 말한 것입니다.

이를 좀 더 쉽게 설명해 볼까요?

철수는 1월 21일까지 방송되는 야구 경기를 보기 위해 매일 영희에게 텔레비전을 빌린다고 생각해 봅시다. 그 대가로 철수는 영희에게 1월 1일부터 경기가 끝나는 21일까지 총 21일동안 매일 두 배씩 금액을 지불하겠다고 약속했지요.

1월 1일에는 1원를 지급하는 것으로 시작해 둘째 날에는 2원, 셋째 날에는 4원, 넷째 날에는 8원씩 지불하는 것입니다. 영희가 영리한 것인지, 철수가 돈이 많은 것인지 모르겠지만, 야구 경기가 끝나는 1월 21일, 철수는 아마 땅을 치고 후회할 것입니다. 왜냐하면 그날 철수가 영희에게 지불해야 하는 돈은 무려 1,048,576원에 이르기 때문입니다.

이처럼 기하급수로 증가하는 힘은 대단한 것입니다.

그렇다면 이러한 논리를 인구와 식량의 문제와 관련해 이야기해 볼까요? 현재 인구가 1명이고, 인구가 25년마다 배로 증가하며 그리고 처음에 한 사람이 쌀 1가마니씩을 가진다고 가정해 봅시다.

나는 기하급수적인 방식을 통해 100년 뒤에 인구는 16배, 200년 뒤에 256배 증가한다고 계산했지요. 반면 식량 생산은 산술급수적으로 증가하기 때문에 100년 뒤에 5가마니, 200년 뒤에는 9가마니 밖에 생산되지 않습니다. 즉, 200년 뒤에 인구 256명이 쌀 9가마니를 나누어 가져야 하는 계산이 나오게 되지요. 그리고 또 다시 100년 뒤에 인구는 4,096배로 증가하고, 쌀은 13가마니 밖에 생산되지 않기 때문에 그 격차는 더욱 벌어지게 되는 것입니다. 작황이 가능한 땅이 제한되어 있는 상황에서 아무리 열심히 일을 해봐야 전체 인구를 다 먹여 살릴 방법이 없다고 보았습니다.

식량이 산술급수적으로 증가하는 것 보다 인구가 기하급수적으로 늘어나는 것이 더 큰 문제가 되겠지요?

토지, 자본, 노동이라는 생산의 3요소 중 토지와 자본은 모두 고정시키고 노동의 투입량만을 증가시킨다고 가정했을 때 일정한 시점에 도달하면 그 이후로는 추가로 얻는 생산량이 지속적으로 감소하게 된다는 것입니다. 이를 경제학에서는 수확 체감의 법칙이라고 말하지요. 수확 체감의 법칙은 한정된 농지에 추가로 농부를 투입하더라도 오히려 생산량의 증가분은 줄어든다는 법칙이지요.

이 같은 내용을 『인구론』에서는 "인구가 증가하는 양은 식량이

생산되는 양보다 항상 크다."고 설명한 것입니다. 즉 사람들이 아기

낳는 것을 줄이지 않으면 인구의 폭발적인 증가를 가져올 것이라고

생각한 것이지요. 이런 예언은 당시 사람들에게 실로 공포에 가까운

것이었어요.

그렇다면 이런 주장을 하는데 필요한 자료를 누구에게서 얻었

을까요? 미국의 지도자 벤저민 프랭클린(Benjamin Franklin)이 제공

한 자료에 근거하여 인구가 25년마다 두 배로 증가한다고 주장했

습니다.

　자료에 따르면 이보다 더 빨리 증가할 수도 있는데 그 시대의 사정을 고려해 25년이라고 했습니다. 이것은 평균 여섯 명의 식구 가운데 두 명은 결혼 적령기에 도달하기도 전에 죽는다는 것을 전제 조건으로 한 것이었지요.

　실제로 프랭클린은 어떤 마을의 경우 15년마다 인구가 두 배가 된다고 보고했지만, 식량 공급에 대해서는 믿을 만한 자료를 제공하지는 않았어요. 그렇지만 상식적인 수준에서 식량 공급이 절대로 인구 증가를 따라갈 수 없을 것이란 결론을 내리고, 인구가 억제되지 않을 경우 기하급수적으로 증가하지만 식량 생산은 고작 산술급수적으로 증가한다고 예상한 것입니다.

　현재 열 사람 정도가 먹어야 할 쌀을 256명이 나누어 먹어야 된다고 주장했던 것이에요. 다들 굶어 죽는다고 말한 것이나 마찬가지였죠.

　이런 끔찍한 인류의 미래상을 눈앞에 둔다면 어떤 사람이라도 의기소침하겠지요?

인구 억제 프로젝트

그렇다면 이런 암울한 현상을 어떻게 극복할 수 있을까요? 『인구론』의 연구 목표를 두 가지 사항에 두었습니다.

첫째는 인간 행복의 발전을 저해하는 요인이 무엇인지 파악하는 것이고, 둘째는 앞으로 이러한 요인을 제거할 가능성이 있는지 확인하는 것이었지요.

이를 토대로 인구에 관한 세 가지 주장을 펼쳤습니다.

첫째로 인구는 생활필수품의 양에 의하여 억제된다는 것입니다.

둘째로 강력하게 억제하지 않는다면 인구는 최저 임금이 상승함에 따라 함께 증가한다는 것입니다. 만약 노동자들의 임금이 대폭 인상된다면 노동자들은 더 많은 자녀를 낳아 양육할 능력을 지니게 되고, 세월이 흘러 그 아이들은 노동 시장에 나타나게 됩니다.

이는 결국 노동의 공급을 늘려 임금을 낮추게 만듭니다. 과잉 인구가 존재하는 한 임금은 계속 하락하여 마침내 최저 생활 수준 아래로 전락하게 됩니다. 이리되면 노동자들은 질병과 굶주림에 시달리게 되고 그 결과 노동 공급이 줄어들면 임금은 다시 최저 생활 수준으로 전락하는 것이지요. 결국 노동자의 임금 인상은 장차 더 큰 재앙으로 연결될 수밖에 없다는 것이지요.

셋째로 인구는 최저 생활 수준에서 억제시켜야 하는데 그 수단으로는 예방적 억제와 적극적 억제라는 두 가지 방법이 있다는 것을 말했습니다. 그럼 여기서 예방적 억제와 적극적 억제에 관해 좀 더 자세히 알아볼까요?

예방적 억제는 인구의 증가를 사전에 억제하는 방법입니다. 대표적인 억제책으로 남녀가 결혼을 늦추는 것을 주장했습니다. 예방적 억제 방법은 사실 출생률을 줄이는 모든 수단들이 거론되었습니다.

그러나 이러한 예방적 억제책은 실제로 결혼을 늦게 해야 할 빈민층이 오히려 결혼을 빨리 하는 경향이 있어 효과가 없었습니다. 오히려 빈민층의 인구 억제책으로 적극적 억제 방법이 효과적으로 인구를 줄일 수 있다고 생각을 했지요.

하지만 적극적 억제 방법은 비관적인 상황을 의미했습니다. 왜냐하면 적극적 억제 방법은 어린이의 사망률을 높이는 것과 굶어 죽는 사람을 늘리는 것이기 때문입니다. 그 구체적인 수단은 전쟁, 천재(天災), 기아(饑餓), 역병 등으로 인간으로서는 상상할 수 없는 것들이었죠.

이에 대해 『인구론』에서 다음과 같이 말했습니다.

"기근은 자연이 자신을 보호하기 위해 사용하는 마지막이자 가장 치명적인 수단처럼 보인다. 인구 성장률은 지구상의 인구를 부양하는 데 필요한 식량을 생산하는 지력, 즉 생산력을 뛰어넘기 때문에 인류는 어떤 식으로 든 때 이른 죽음을 맞이할 수밖에 없다.

자체적으로 인구를 조절할 수 없는 인류의 결함이 인구를 감소시키는 최적의 수단이 된다. 그것은 인구 감소의 특명을 받은 대규모 학살 부대의 선봉장이며, 자체적으로 이런 무시무시한 임무를 완수할 수도 있다. 하지만 이것이 실패로 돌아갈 경우, 다음으로 유행병, 페스트, 그리고 역병 등의 지원 부대가 맹렬한 속도로 진격해 수천수만의 목숨을 일순간에 앗아간다. 이것으로도 임무가 완수되지 않을 경우, 대규모 기근이 불가피하게 뒤따라 일어나고, 따라서 인구는 단번에 식량 생산량 수준으로 떨어질 것이다."

나는 불행을 뒤따르게 하는 적극적인 억제 방법을 사용하지 않는 한 결코 인구 문제를 해결할 수 없지만, 일시적으로는 완화할 수 있다고 생각했습니다.

적극적 억제의 방법으로 첫째는 1795년 이래 실시된 **구빈법**의 완전한 철폐를 주장했습니다. 빈민들의 생활이 좋아지면 자신들의 장래를 생각하지 않고 결혼하여 인구가 늘어나기 때문에, 그들의 결혼을 늦추면 인구 증가의 속도가 줄어든다는 것입니다.

둘째로, 새로운 토지의 경작에 대해서 보조금을 지급하고, 목장을 농경지로 전환하도록 촉진하는 것이었지요. 이러한 방법으로 식량의 공급을 증대시킴으로써 간접적으로 인구 문제를 해결할 수 있다고 생각했습니다. 그러나 이러한 두 가지 정책도 일시적인 대책에 불과한 것으로 인구 문제를 완전히 해결할 수는 없었지요.

그래서 인구 억제책으로 『인구론』 2판에서 '도덕적 억제'를 추가했습니다. 문명 사회에서 인구와 식량 간의 균형을 도모하는 가장 좋은 방법은 출생률을 감소시키는 도덕적 억제, 즉 경제적 능력을 얻을 때까지 결혼하지 않는 것(만혼) 이외는 없다고 주장했습니다.

『인구론』에 따르면, 인구는 항상 식량의 공급보다 빨리 증가하기 때문에 인간의 진보는 영원히 제약될 수밖에 없는 것이지요.

구빈법

생활 능력이 없거나 가난한 사람들을 돕기 위하여 만든 법률입니다. 이 법은 기독교적 온정주의 윤리의 산물로 가난한 사람들은 일자리가 있건 없건 최소한의 생활 수준을 누릴 권리가 있다고 주장한 법이었지요. 교회와 수도원의 각 교구(Parish)마다 수용소를 설치하여 빈민들을 모아서 일을 시키고 돈과 식량을 주도록 했습니다. 이는 빈민의 부랑을 금지하고 공장에서 강제로 일을 하게 함으로써 초기 산업 자본주의 시대에 임금 노동자를 창출하는데 기여했다는 평가도 있습니다.

이러한 비관적인 결과에 대해 토머스 칼라일은 경제학을 '음울한 학문(the dismal science)'이라고 일컬었고, 고드윈은 이 이론을 가리켜 '인류의 희망을 항상 파괴하려는 암흑의 무서운 악마'라고 비난했습니다. 또한 인간의 진보를 믿는 동료들을 수백 명이나 전향(轉向)시켜 반동주의자가 되게 했다며 제게 불평하기도 했지요.

나에 대한 연구가로 유명한 영국의 보나르(J. Bonar)는 『맬더스와 그의 업적 Malthus and His Work』(1885)이란 책에서 "애덤 스미스는 만인이 칭찬함에도 불구하고 누구도 읽지 않는 책을 남겼고, 맬더스는 정작 아무도 읽지 않으면서 모두가 몹시 욕하며 몰아세우는 책을 남겼다."라고 쓸 정도였지요.

나의 이론에 입각한 사람들은 살아갈 토지가 부족한 것이야말로 경제 문제의 근본 원인이라고 말합니다. 마르크스주의자는 이러한 견해에 대해, 인구가 적은 미개발지를 합치려는 제국주의자의 야망이라고 성내며 큰 소리로 꾸짖었습니다.

여러분이 생각하는 인구 억제 방법과 내가 생각한 방법이 서로 유사한가요? 아니면 다른가요?

나의 인구 억제 방법이 잔인하다는 느낌이 드나요?

정말 그렇습니까?

쌀의 경제학

요즘과 같이 쌀이 남아돌아 오히려 걱정인 경우는 거의 없었어요. 그 이유는 공급이 증가하는데 반해 수요는 줄어들었기 때문입니다. 다시 말해 생산량은 증가하는데 소비는 감소해서 나타나는 현상이지요. 어느 상품이든 생산이 늘고 소비가 줄어들면 과잉 공급이 발생하기 마련입니다.

우리나라의 경우 지난 2년 동안 쌀 공급은 늘어나고, 쌀 수요는 지속적으로 줄어들었지요. 우선 2년 연속 사상 최대 풍년이 들면서 2008년에 441만 톤이었던 생산량이 2009년 484만 톤, 2010년에는 492만 톤으로 급증했어요. 특히 날씨도 좋고 생산량 좋은 품종이 보급되고 농사법이 좋아지면서 1000㎡당 생산량이 2009년 520kg, 2010년에는 534kg까지 높아졌지요. 또 관세화를 유예 받는 대신 의무적으로 외국으로부터 수입해야 하는 쌀이 2010년 32만 7천 톤이며, 해마다 2만 톤씩 늘려야 합니다.

반면 1인당 쌀 소비는 해마다 2% 정도씩 계속 줄어들고 있어요. 2008년 쌀 소비량은 506만 톤에서 2009년 482만 톤으로 줄어들었어요. 특히 연간 40만 톤씩 북한에 지원되던 쌀 제공이 중단된 것도 직접적인 소비 감소의 요인이 됐지요. 우리 국민 한 사람이 연간 먹는 쌀의 양이 2008년 76.9kg에서 2009년에는 74kg으로 감소했고, 2010년에는 72.4kg으로 줄었어요. 결국 재고와 수입량을 제외하더라도 생산량이 소비량을 넘어서고 있는 것이지요.

그래서 전국의 쌀 저장 창고에는 쌀 재고가 넘쳐나는 실정입니다. 2010년 현재 우리나라 쌀 재고는 세계 식량 기구(FAO)가 권고한 적정 재고량(72만 톤)의 두 배인 140만 톤에 이르고 있으며, 미국 농무부는 2011년 재고가 164만 톤에 이를 것으로 내다봤어요. 이런 추세라면 앞으로 해마다 40만 톤씩 과잉 공급이 생긴다고 볼 수 있지요.

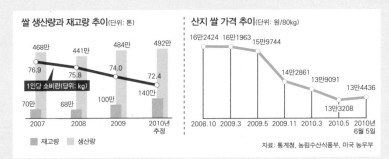

최근 우리나라 연도별 쌀 생산량, 재고량, 산지 쌀 가격 추이

교과서에는

모든 국민이 건강한 생활을 할 수 있도록 항상 충분한 식량에 접근 가능한 상태를 말합니다.

어찌되었던지 식량 안보상 쌀 생산은 포기할 수 없습니다. 지난 2008년 애그플레이션(농산물 가격 급등으로 물가가 상승하는 현상)이 발생하자 식량 자급을 못하는 나라는 큰 혼란을 겪었었지요. 작황이 나빠 공급이 수요에 못 미치면 국제 쌀값은 두세 배씩 뛰는데 그때 겪게 될 고통과 혼란은 쌀이 남아 생기는 문제와는 비교할 수 없는 것이지요. 또 통일에 대비해 식량생산 능력을 유지해야 하는 점도 쌀 생산을 무턱대고 줄일 수 없는 요인이기도 합니다.

그렇다면 쌀 수급 안정책으로 북한에 제공되었던 쌀 지원을 다시 시작하는 방법도 고려해 보면 어떨까 싶은데요. 굶어 죽어가는 사람들이 많은 북한의 현실을 고려해 대북 식량 지원을 인도주의적 차원에서 접근하면 좋을 것 같은데 말입니다.

국내에 남아도는 쌀을 북한 주민에게 보내면, 우선 쌀 지원의 1차적인 목표, 즉 북한 주민 굶주림의 문제를 완화하는데 크게 기여할 수 있겠지요. 또 쌀 보관료로 매년 낭비되고 있는 수천억 원에 달하는 국민들의 세금도 절약할 수 있지요. 쌀값 폭락으로 고통을 겪고 있는 농민들의 시름도 달랠 수 있다고 봅니다. 무엇보다 중요한 것은 남북 간의 화해협력의 중요한 계기로 작용하여 민족의 동질성을 회복하는 획기적인 돌파구가 될 수 있다는 것이지요.

내 인구론은 인구는 식량보다 폭발적으로 증가한다는 가설에서 시작합니다.

인구는 느는데 식량은 그에 따르지 못하니 어떻게 되겠어요?

굶어 죽겠지요!

그게 사실이라면 가만히 앉아서 당할 순 없잖소. 무슨 대책이라도…….

먼저 노동자의 임금 인상을 억제해야 합니다. 돈이 많으면 애를 더 낳을테니까!

또 결혼을 늦게 하도록 유도하고…….

농담이시죠?

굶주림, 질병, 전쟁 등을 방치해서 강제로 죽는 사람을 늘이는 방법도 좋겠지요.

사흘을 굶었소 한 푼만…….

운명이오!

맙소사! 그건 악마의 이론이요.

토마스 칼라일 ←

내 방법이 잔인한가요?

『인구론』은 인류 사회에 어떤 영향을 미쳤을까?

어떤 주장이나 이론은 당시의 시대적 상황이나 자신의 사회정치적 이해 관계에 따라 그것을 수용하는 사람도 있고, 비판하는 사람들이 있기 마련입니다. 『인구론』도 예외는 아니었지요. 이번 수업에서는 『인구론』의 주장에 대해 어떤 점들이 비판받고 있는지와 『인구론』이 우리 인류 사회에 어떤 영향을 미쳤는지 알아보도록 합시다.

『인구론』에 대한 파상 공세

우리는 두 번째 수업시간을 통해서 『인구론』의 주요 내용과 인구의 억제 방법에 대해서 살펴보았습니다. 인간과 인간의 진보에 대한 불신과 비관론에 입각해 서술하고 있다는 점을 아마도 느꼈을 것 같은데 어떠했나요?

그럼, 이제 구체적으로 『인구론』이 비판받고 있는 점들이 어떤 것들이 있나 알아보도록 합시다.

『인구론』이 처음 출판되었을 때 그 영향력은 매우 컸어요. 특히 상류층 사람들은 이 이론을 적극적으로 지지했었지요. 이와 함께 빈민층을 억압하는 냉정한 사람이라는 비난도 많이 받았습니다. 비판받는 내용은 다음과 같습니다.

첫째로는 『인구론』의 독창성의 문제입니다. 대부분의 중요한 사

상에는 선구자가 있기 마련이듯이 『인구론』역시 제 자신의 독창적
인 사상만을 담은 것이라고 말할 수는 없습니다.

월터 롤리는 이미 인구의 억제 수단으로 전쟁과 질병을 지적한
적이 있었고, 매튜 헤일은 1677년에 인구 억제 수단으로 질병, 기아,
전쟁, 홍수, 화재 등을 언급한 사실이 있지요.

또 로버트 월리스는 1753년에 '매 세대마다 인구가 배로 증가하
지 않는 것은 다산의 능력이 없어서가 아니라 인류의 빈곤한 환경

에 기인한다.'고 지적하기도 하지요. 데이비드 흄은 '양성 간에 존재하는 정욕(情慾)과 그에 따른 인구의 증가는 우리가 일반적으로 생각하는 것보다는 훨씬 강력한 힘을 가지고 있으며 …… 식량 문제가 쉽게 해결되고 기존 국가에 있어서 볼 수 있는 바와 같은 제한을 받지 않는 식민지의 경우에는 인구가 매 세대마다 두 배 이상으로 증가한다. 만일 우리가 당연하다고 기대하는 것과 같이 모든 것이 공평하게 되어 최대의 행복과 미덕 및 최대로 현명한 기관이 존재한다면 인구는 최대로 증가할 것이다.'라고 주장하여 『인구론』과 유사한 내용을 언급하고 있어요.

이와 같이 『인구론』은 독창적인 아이디어에 기반한 것은 아니었지요. 그러나 이러한 선구자들의 생각이 빛을 보지 못한 데 반하여 나의 이론이 각광을 받게 된 이유는 시기적인 적절함뿐만 아니라, 막연한 예언이 아니라 역사 속에 존재했고 현재도 일어나고 있는 실제 상황을 잘 설명해 주는 현실적인 이론이었기 때문이지요.

둘째로는 신학적인 문제입니다. 인구 억제의 방법에 도덕적 억제를 추가한 것은 세상을 죄악과 우울한 세계로 만들었으며, 그러한 세계는 조물주의 선의(善意)와는 어긋나는 것이라는 비판을 의식한 데 있었습니다. 그래서 나는 신이 인간에 대하여 도덕적 억제를 의무로 부과하였다고 주장했으나, 이에 대한 비판은 여기에 그치지 않았어요. 특히 문제는 만혼(晚婚)이 성서의 가르침에 어긋난다는 것이었지요.

셋째로는 인구 증가에 관한 검토 문제에요. 『인구론』을 새로 개정할 때마다 미국의 경우에 인구의 억제가 없기 때문에 인구는 분명히

기하급수적으로 증가하고 있다고 주장했어요. 그러나 이에 대해 여러 가지 비판이 나왔지요. 특히 고드윈에 의하면 미국의 인구가 증가하게 된 원인 중에는 사회적 증가라 할 수 있는 막대한 수의 이민자들이 있었습니다.

자연적 증가에만 치중한 나머지 사회적 증가를 간과했던 것이죠.

또 래븐스톤은 인구 증가를 연령·계층별로 분류한 결과, 미국의 폭발적인 인구 증가가 비정상적으로 청년층에 집중된 데서 오는 것이라는 결론을 얻었어요. 그런데 그러한 현상은 우연한 것이고 일반적인 것이 아니기 때문에 인구 구조는 국가별 또는 시대별로 항상 같은 것이 아니고 당연히 바뀔 수도 있다는 것이지요.

넷째로는 인구 및 식량 증가의 비율 문제에 관한 것입니다. 나와 나의 추종자들은 '인구는 기하급수적으로 증가하는 반면 식량은 산술급수적으로 증가한다.'는 입장을 가지고 있지요. 사실 이 비율의 문제를 무시한다면 인구 이론에 대한 나의 공헌은 아무것도 없는 것이 됩니다.

일반적으로 인구가 식량의 공급보다 빨리 증가하는 경향이 있으나 여러 억제 방법에 의하여 양자가 균형을 이루어 왔다는 것은 널리 알려진 사실이었어요. 하지만 내가 주장하는 비율은 중요시되었고, 저도 이 비율을 고수하게 되었던 것인데『인구론』에서 가장 많은 비판을 받는 부분이 바로 비율 문제였어요.

이 비율 문제의 초점은 인구가 실제로 기하급수적으로 증가하였으며, 또 그렇게 증가하는 경향이 있음을 보여주었는가, 아니면 단지 인구가 기하급수적으로 증가할 수 있는 능력을 가지고 있다는 것인가 하는 문제였어요. 미국의 경우를 제외하면 인구가 실제로 그와 같이 증가하지는 않았지요.

그러나 현재 우리가 처해 있는 현실이 인구 증가의 어느 단계에 해당하는가를 밝히지 않았다는 점도 간과할 수 없는 문제이지요. 즉, 인구가 2-4-8-16……으로 증가하고 식량이 2-4-6-8……로 증가한다 하더라도 현재가 그 첫 단계나 둘째 단계에 해당한다면 인구와 식량은 같은 비율로 증가하게 되므로 적어도 앞으로 25년간은 인류의 번영이 지속될 수 있다는 결론이 되며, 앞으로 25년 내에는 어떤 획기적인 변화가 일어날 수도 있기 때문에 인구 문제가 그렇게 심각한 문제는 되지 않는다는 것이지요.

다섯째로는 빈민층을 비난한 문제이지요. 빈민들이 가난한 것은 그들 자신의 책임이라 하여 구빈법의 철폐를 주장하고, 특히 신혼부부에 대해서는 구빈법을 적용하지 않아야 된다고 주장하여 많은 사람들의 반감을 얻게 됩니다. 이를 비판하는 사람들은 당시에 영국의 대중이 비참한 상태에 있었던 것은 그들 자신의 책임이라기보다는 부자들의 사치와 빈민들에 대한 과중한 세금에 원인이 있었던 것이라고 주장했습니다.

여섯째로는 인구 억제의 방법에 관한 점입니다. 인구 억제 방법에는 모호한 점이 많이 있어요. 동일한 적극적 억제 방법이라 하더라도 전쟁은 인간에 의해 통제될 수 있는 반면에 홍수나 기아는 인간이 통제할 수 없다는 점에서 서로 다르지요. 또 나를 비판하는 사람들은 도덕적 억제 방법에 대해 너무 비관적인 견해를 취했으며, 그것은 인간 본성의 보다 밝은 면을 간과한 데서 오는 것이라는 점을 지적합니다. 즉 성직자들이 자발적으로 금욕 생활을 한다고 하지만, 일반인들 또한 금욕 생활을 하지 못할 이유가 없다는 것이죠.

나의 유산은 어떤 것들이 있을까요?

지금까지 『인구론』에 대한 세상 사람들의 비판적인 내용을 살펴보았습니다. 예언한 것과 달리 현재의 사회가 유지되고 있는 것을 보면 인구 증가에 대한 나의 예측은 한마디로 빗나갔습니다. 내 이론이 보기 좋게 빗나간 것이 안타깝기는 하지만 그래도 인류가 발전을 이루면서 살아가는 것은 참으로 다행스런 일입니다.

그렇다면 이번 수업에서는 『인구론』이 우리 인류 사회에 어떤 공헌이나 영향을 미쳤는지, 또 제게 영향을 받은 경제학자는 누가 있었는지 알아보도록 합시다.

『인구론』이 남긴 문제는 첫째로, 인구 증가와 식량 공급에 관한 주장이 그 후의 역사적 과정 속에서 어떻게 실현되었는가 하는 점입니다. 19세기 서구 여러 나라들의 전체적인 인구는 매년 1% 내외씩 증가하였지만 그에 따라 생산량도 확대되어, 주장한 것처럼 식량 공급의 한계에 의하여 인구 증가가 억제되는 상황은 나타나지 않았습니다.

인구는 기하급수적으로 늘어나지 않았지요. 그리고 산술적으로 늘어날 것이라던 식량 생산 및 공급도 예상과 달리 바닥을 기지 않았습니다. 가난한 사람들이 여전히 비참한 생활을 하고 있을지는 모르지만, 내가 제시했던 이유 때문은 아니었습니다. 관심을 두었던 영국과 미국 사람들은 여전히 더 잘 먹고, 더 잘 살고, 평화롭게 살고 있으니 말입니다.

그렇다면 당시 왜 인구 증가와 식량 부족에 관해 이렇게 비관적으로 내다 본 것일까요?

결정적으로 의학의 발전, 농업 혁명(Agrarian Revolution), 그리고 산업 혁명의 파급 효과를 중요하게 생각하지 않았습니다. 18세기 유럽의 농민들은 식량 생산을 늘릴 수 있는 획기적인 방법을 습득해 가고 있었습니다.

18세기 초 유럽의 농업 생산성은 20세기 초에 비하면 정말 보잘 것 없었습니다. 그러나 1700년에서 1800년 사이에 영국의 경우 농민 1인당 농업 생산량은 2배 가까이 증가했습니다. 프랑스에서는 프랑스 대혁명과 미국

농업 혁명

영국에서는 18세기 중엽부터 19세기 초에 걸쳐 근대적 토지 소유제가 확립되고, 농지 이용의 합리화가 이루어져 농업 생산력이 빠르게 증가하였지요. 이는 농산물의 품종 개량, 윤작의 도입, 각종 농업 기구의 발달 등으로 식량 생산이 획기적으로 증가를 하였는데 이를 농업 혁명이라 합니다. 이런 영국의 농업 혁명은 산업 혁명의 예비적 단계인 동시에 산업 혁명이 진행되고 있는 동안 물질적 기초를 제공하게 되었지요.

독립 전쟁의 참전에도 불구하고 내가 태어난 즈음에서 『인구론』 초판이 출간되는 시기 사이에 농업 생산량이 25% 정도 증가했습니다.

이렇게 농업 생산량이 증가할 수 있었던 것은 윤작, 종자 개량, 농기구 개량, 그리고 경작에 소 대신 말을 사용함으로써 경작지를 가는 시간을 50%까지 줄이는 등 몇 가지 농업 혁신이 일어났기 때문입니다. 특히 1750년에 들어 영국은 농업 생산성이 빠르게 증가함으로써 식량을 자급자족할 수 있게 되자 13%에 달하는 잉여 곡물과 밀가루를 해외에 수출하기 시작했습니다.

한 나라의 농업이 발전하게 되면, 기존의 농업에 종사했던 인구는 도시로 유입되거나 비농업 분야로 옮겨갑니다. 1760년에 영국의 농업 인구는 전체 인구의 75%를 차지했습니다. 그러나 1840년에 이르러 이 인구는 25%로 급감하게 됩니다.

오늘날 미국에서는 전체 인구 중 소수만이 농업에 종사하고 있는데, 그럼에도 불구하고 미국 전체를 먹여 살릴 뿐만 아니라 매년 수백만 톤에 달하는 식량을 해외에 수출하고 있습니다. 예측한 것과 달리 식량 생산은 산술적으로 증가하지 않았지요. 그리고 식량 생산이 인구 성장의 발목을 잡기보다는 오히려 인구 성장을 부추겼다고 볼 수 있습니다.

물론 그렇다고 해서 인구 증가 또는 출산율이 기하급수적으로 늘어났다는 이야기는 아닙니다. 당시 인구 통계 조사 자료를 검토하면서 인구가 사망률 감소로 인해 증가할 수도 있다는 것을 생각하지 못했습니다. 1740년 이래, 유럽에서는 농업 혁명에 따른 식량 생산 증가, 보건 위생 및 보건 의료의 발전으로 인해 사망률이 크게 감소했습니다. 18세기까지만 하더라도 의사들은 치료받으러 온 환자들을 치료하기는커녕 사망에 이르게 하는 경우가 더 많았습니다. 하지만 시간이 흐르자 이 같은 상황은 점차 개선되었습니다.

1700년대에 유럽 인들의 기대 수명은 30세에 불과했지만, 1850년에는 40세로, 1900년에는 50세로 늘어났습니다. 그리고 현대에 이르러서는 수명이 70세를 훌쩍 넘어 80세를 바라보고 있습니다. 농업 혁명 덕분에 항상 오르내림이 심했던 수확량도 안정을 찾았습니다. 영국의 경우, 기록으로 남아 있는 대기근은 인구론이 출간되기 약 100년 전에 일어난 것이 마지막이 되었습니다.

역사적으로 볼 때, 선진 여러 나라의 경우 식량의 공급 증가를 제한하는 요인인 수확 체감의 법칙은 기술 진보에 의하여 보완되었습니다. 인간의 생활수준은 오히려 계속해서 향상되어 왔습니다. 즉 오늘날의 녹색 혁명(Green Revolution)은 수확체감의 법칙을 의미없게 만들어 버렸지요. 이는 『인구론』이 현실 세계에서는 적용되지 않고 있다는 얘기이지요.

인구 증가와 식량 생산에 대한 나의 가정은 인구 증가에서는 크게, 식량 증가에서는 작게, 양극단의 조건을 고정하는 것에 의하여 비관적인 주장을 한 것이 됩니다. 주장의 본질은 식량 생산의 한계에 의하여 인간 진보의 한계를 지적하고 그 결과로서 인구 억제의 필연성을 강조한 것이지요. 그러나 나의 본질적 주장은 경제 발전으로 인해 설

녹색 혁명
1960년 이르러 미국을 중심으로 한 쌀과 옥수수 등의 품종 개량이 추진되면서 식량 부족으로 어려움을 겪던 개발 도상국들이 이를 적극적으로 받아들이면서 세계적으로 농업 생산량이 획기적으로 증가하게 되었습니다. 이러한 개발 도상국의 식량 생산력의 획기적인 증가 또는 이를 위한 농업상의 여러 개혁을 말합니다.

득력을 잃게 되었지요. 산업 혁명 이후의 물질적·기술적 발전을 전혀 예상하지 못했습니다.

둘째, 신맬더스주의로서 산아 제한의 문제입니다. 도덕적 억제라는 결혼의 연기, 즉 만혼에 의한 인구 억제 가능성을 주장했으나, 이를 출생 억제로 대체하여 인구 증가를 줄이고자 실천적으로 추진한 산아 제한 운동이 벌어지게 되었습니다.

원래 산아 제한의 목적은 빈민층이 스스로의 책임하에 가족 수를 줄이는 것이었어요. 그러나 실제적으로는 빈민층이 아니라 근대 소시민 계급들의 가족 수가 줄어들게 되었습니다. 그 이유는 무엇일까요?

바로 자본주의 생산이 이룩한 경기 변동의 심각성이나 생활의 불안정이 소시민들에게 가장 먼저 민감하게 인식되어 산아 제한 운동이 확산되었다는 것입니다. 이는 산아 제한 운동이 인구 억제를 위한 수단으로서가 아니라 자신들의 생활 수준을 향상시키기 위한 방편으로 작용했다는 것을 말하지요.

셋째, 사회 제도와 인구 변동과의 관계입니다. 나는 평등 사회를 지향하는 것은 오히려 인구의 증가를 불러와 인구 부양을 어렵게 한다고 주장했어요. 선진국의 경우 인구 부양의 능력이 충분할 뿐만 아니라 오히려 출산율의 저하로 인구 증가와는 반대로 낮은 출산율이 오히려 문제가 되고 있습니다만, 개발 도상국의 경우 인구 증가가 현실적인 문제로 제기되고 있습니다.

개발 도상국들의 경우 사회 제도의 개혁은 생활 수준의 향상으로 연결되어 소비 수준의 향상과 그로 인한 인구 증가의 가속화를 가져올 가능성이 크다는 점입니다. 결국 사회 제도의 개혁 자체가 인구 증가의 새로운 불씨가 될지도 모른다는 것이지요. 이는 구빈법을 반대한 논리와도 어떤 면에서는 서로 통하는 부분이 있습니다.

잔혹한 비인간성 vs 또 다른 인류애

그런데 이처럼 극단적인 인구 억제책을 주장한 이유는 따로 있지 않을까요?

나의 전기를 쓴 제임스 보나르는 "맬더스는 당대에 가장 혹독한 비난을 받은 사람이었다. 나폴레옹도 맬더스보다 더 적이 아니었다. 소아마비와 노예 제도와 유아 살해를 옹호한 자가 여기 있었다. 무료식당, 조기 결혼, 교구 빈민 구호금을 비난한 자가 여기 있었다. 가족제도의 악덕을 설교하고 나서 뻔뻔스럽게 결혼한 인간이 여기 있었다."라고 말합니다.

세상 사람들에게 아이를 적게 낳으라고 촉구한 사람에게 비난이 쏟아지는 것은 당연했지요. 그러나 나는 얌전빼는 사람도, 괴물도 아닙니다. 빈민 구호금의 철폐를 주장하고 노동자를 위한 주택건설 계획에 반대한 것은 사실입니다. 그러나 이 모든 것은 빈민층의 이익을 진정으로 바라는 마음에서 나온 것이었어요. 이는 빈민들을 거리에서 평온하게 죽게 내버려두라고 이야기하는 이론가들의 견해와는 달랐어요.

따라서 이러한 입장은 몰인정하기보다는 지극히 논리적일 수 있다는 말이지요. 이 이론에 따르면 세계의 근본적인 문제는 너무 많은 인간이 살고 있는 것이라고 파악했습니다. 그래서 결혼을 앞당기는 모든 조치는 인류를 더욱 불행하게 만드는 것이라고 판단했지요.

하늘을 가리고 제대로 쉴 집도 없는 사람들이 다른 사람들의 자선에 의지해서 목숨을 연명해도 좋다고 말할 수는 있겠지요. 그러나 그렇게 되면 다시 빈민층의 가족 수는 더욱 늘어나 결국 그러한 자선은 사실 잔인한 일이 될 수도 있습니다.

목사라는 직업을 가지고 있던 사람이 인구 억제 방법으로 주장한 내용이 너무나 잔인하다고요? 여러분은 아마도 나를 몰인정한 사람이라고 평가할 수도 있지만『인구론』의 주장이야말로 또 다른 인류애의 표현이라고 생각합니다.

이번 수업을 통해 여러분들은 나를 어떤 인간으로 평가하고 싶은가요? 몰인정한 사람 아니면 인류애의 수호자, 어느 쪽인가요?

『인구론』의 공헌과 영향을 받은 사람들

앞선 수업에서 우리는『인구론』에 대한 몇 가지 비판점을 살펴보았는데요. 그렇다고『인구론』이 인류 역사에 전혀 기여한 바가 없다고 할 수는 없습니다. 그렇다면『인구론』이 우리 인류 사회에 공헌한 점은 무엇일까요? 여러분도 한 번 생각해 보세요.

역사적으로 선진국의 경우, 식량 공급의 증가를 제한하는 요인인 수확 체감의 법칙은 기술 진보에 의해 보완되었을 뿐만 아니라 인류의 생활 수준은 계속해서 향상되어 왔습니다. 또 오늘날의 녹색 혁명은 수확 체감의 법칙을 무력하게 만들었으며, 이는 『인구론』의 주장이 현실 세계에 그대로 적용될 수 없는 것으로 만들어 버렸다고 하더라도 말입니다. 그렇다고 『인구론』의 공헌을 무시하거나 부정할 수 없는 것이지요.

『인구론』은 18세기 후반 인구에 관한 단편적인 저술들을 최초로 체계화하였으며, 당시의 인구 정책에 강력한 영향을 미쳤다는 점에서는 큰 공헌을 세웠다 할 수 있습니다.

특히, 오늘날 개발 도상국의 경우 인구 증가율이 경제 성장률을 초과하여 낙후된 생활 수준을 보이는데, 이는 맬더스적인 인구 문제로 인식되고 있다는 점입니다. 인구 증가율을 경제 성장률 이하로 억제하려는 수단으로 가족 계획 사업 등이 개발 도상국에서는 지금도 사용되고 있는데, 이를 '신맬더스주의'라고도 부릅니다.

나의 사상은 사회 지배 계급의 이익에 부합되는 것이어서 가난한 자들에게는 우울한 원리, 기득권(旣得權)을 가진 사람들에게는 위대한 사상으로 평가받았습니다. 예견은 적중하지 못했지만 산업 혁명 초기에는 임금이 낮은 수준에 묶여 있었으므로, 임금 생존 비설(賃金生存費設)을 설명하는 원리로도 이용되었지요.

임금 생존 비설
임금 생존 비설은 인간은 항상 노동해서 생활하지 않으면 안 되기 때문에 임금은 적어도 생활을 유지함에 있어서 필요한 금액만큼 되지 않으면 안 된다는 것으로 오늘날에는 최저 생계비 개념으로 이해할 수 있습니다.

『인구론』에 영감을 얻어 자신의 이론적 기반을 다진 사람으로는『종의 기원』의 저자 다윈(Dawin, Charles Robert)과『자본론』의 저자 마르크스(Marx, Karl),『고용, 이자, 화폐에 관한 일반이론』을 저술한 케인즈(Keynes, John Maynard) 등을 들 수 있습니다. 이에 관해 간략하게 언급해 보도록 하지요.

다윈은 나의 인구 법칙이 자연적 진화 과정의 아이디어를 가져다주었다고 고백했는데, 그의 자서전에서 이렇게 기술했어요. "나의 체계적 연구를 시작한 지 15개월이 지났을 때인 1835년 10월에 우연히 맬더스의『인구론』을 읽게 되었다. 나는 동물과 식물들의 생활 습관에 대한 고찰에서 오랫동안 살기 위한 투쟁의 전반적인 변화는 보존되고, 부적합한 변화는 파괴되며, 이들의 결과로부터 새로운 종이 출현된다는 것을 우연히 알게 되었다. 마침내 나는 그 이론을 찾게 되었으며, 그 이론을 가지고 일을 할 수 있었다."라고 써 직접적인 영향을 받았음을 암시하고 있습니다.

또 마르크스는 그 어떤 사람들보다 심하게 반박했습니다. 그는 노동자들의 빈곤에 대해 스스로 책임이 있다는 것에 반대했어요. 자본주의적 생산 양식의 잘못을 찾으려고 하지 않고 어리석게도 노동자들이 처한 곤경의 원인을 그들의 번식 과정으로 보았다는 것이죠.

나의 이론은 마르크스의 일반적 과잉 생산론이나 케인즈의 유효 수요 이론(effective demand theory)의 출발이 되기도 했답니다. 영국의

다윈
영국의 생물학자이자 철학자로 『종의 기원』에서 집단이 여러 세대를 거치면서 특성을 변화시키고 새로운 종의 탄생을 밝히는 진화론을 주장하면서 세상을 놀라게 했습니다. 당시에는 지구상의 모든 생물체는 신에 의해 창조되었다는 학설이 일반적이었는데 이를 뒤집는 새로운 내용이었지요.

유효 수요
케인즈는 소비, 투자, 정부지출, 수출 등 구매력을 가진 수요를 유효 수요라 불렀고, 이 유효 수요의 크기가 균형국민소득 수준을 결정하게 되는데 이를 유효 수요의 원리라고 불렀습니다. 유효 수요가 너무 많으면 인플레이션이 발생하고, 또 너무 적으면 실업이 많아진다는 것입니다.

자본주의가 발전하는 과정에서 때때로 너무 많은 상품이 생산되어, 모든 소비자들이 구매할 수 있는 범위를 넘는 상품이 생산됨으로써 수요와 공급 사이에 큰 불일치가 발생하게 되었지요. 이렇게 되면 자본가들이 투자할 곳을 찾지 못해 자본이 남아돌게 되어 극심한 불황이 닥치게 되는데, 이는 결국 공급 과잉에 따른 공황으로 연결된다는 것입니다.

과잉 생산의 요인으로는 인구증가, 자본 축적, 토지의 비옥도 증가, 노동절약적 기계의 발명 등이 있지요. 부의 증진을 가져오는 이상의 원인들에 의하여 공급은 증가하겠지만 수요의 증대 없이는 부의 지속적인 증진은 불가능하게 됩니다. 나는 공급의 증대에 따른 유효수요의 부족으로 인해 일반적 과잉 생산이 일어난다고 주장했어요.

과잉 생산의 해소책은 유효 수요 증대에 있으며, 그 대책은 ① 토지 재산의 분할 : 다수의 수요자 창출 → 유효 수요 증가, ② 상업·무역증대 : 시장 확대, ③ 비생산적 소비 증대 : 유효 수요가 보장되는 순조로운 발전을 위해서는 토지를 소유한 지주의 소비 수요가 필수적이므로 지대의 원천이 되는 농업이 제조업과 균형을 맞추어 육성되어야 한다는 것이지요.

마르크스는 영국의 경제 이론에서 처음으로 자본주의 체제 내부에 존재하는 문제에서 원인을 찾아 공황의 가능성을 인정하고, 일반적 과잉 생산론을 인정했지요. 그리고 케인즈는 나의 생각을 체계화시킨 유효 수요 이론으로 발전시켰습니다.

리 카 도 와 의
곡 물 법 논 쟁

일반적으로 이론은 그 사회의 주류들의 시각을 반영합니다. 맬더스도 당시 주류인 지주 계급들의 정치 경제적 이해를 적극적으로 대변했어요. 지주 계급들의 이익을 옹호한 대표적인 것이 리카도와의 곡물법 논쟁입니다. 이 논쟁을 통해 왜 맬더스는 지주 계급의 이익을, 리카도는 신흥 자본가 계급의 이익을 대변했는지 알아보도록 합시다.

곡물법 논쟁의 시대적 배경

리카도(David Ricardo, 1772~1823)는 나와 절친한 친구 사이였습니다. 그렇지만 우리 둘은 서로 태어난 배경과 사회적 지위 등이 크게 다른 사람들이었습니다. 서로의 이해 관계가 달랐기 때문에 주장하는 내용에 있어서도 큰 차이를 보였지요. 본 수업의 주제인 곡물법 논쟁을 살펴보기에 앞서 당시의 시대 상황에 대해서 살펴 보겠습니다.

리카도의 시대는 새로운 기계를 광범위하게 도입해 공장 생산을 급격히 증가시킴으로써 이전 시대의 산업-수공업, 가내 공업, 제조소-을 성공적으로 대체한 영국의 산업 혁명기입니다. 애덤 스미스가 제조소 시대의 경제학자라면, 리카도는 산업 혁명기의 경제학자라 할 수 있어요. 리카도는 새로운 기계의 도입과 상승하는 노동의 기술적 생산성에 기인한 공업 제조품 가격의 급격한 하락 현상을 여러 가지 사실들과 연관지어 자신의 노동 가치론에서 일반화했어요. 분배 이론, 특히 지대 이론에서 그는 공업에 있어서 최초의 성공과 더불어 진행된 부르주아지와 지주 사이의 첨예한 계급 투쟁 상황에 대해 고찰했지요.

당시의 영국에서는 산업 혁명이 급속도로 진행되고 있었으며, 프랑스 혁명(1789~1799)과 나폴레옹 전쟁(1797~1816), 영국의 대륙 봉쇄(1806~1812) 등의 사건이 빈발하던 시기로, 즉 자본주의가 확립됨과 동시에 그 내부적 모순이 점차 드러나고 있었던 때로 프랑스 혁명, 산업 혁명, 노동 계급의 증가, 영국의 자본가와 지주의 투쟁이 격화된 시기였지요.

공업면에서는 노동 수단으로 도구 대신에 기계가 쏟아져 나왔으며, 경영상으로는 공장제 수공업(매뉴팩처, Manufacture) 대신에 공장제 대공업으로 바뀌어 간 시기였지요. 농업면에서는 공업의 발전과 더불어 도시 인구가 급증하여 농산물에 대한 수요가 증가함에 따라 곡물가격 상승이 나타났으며, 서로의 이익이 맞는 곡물 가격과 기술적 발달에 힘입어 자본주의적 농업화가 진전되면서 제2차 종획 운동(울타리치기 운동)이 이루어지던 때였습니다. 공업과 농업의 이러한 발전에 따라 종전의 소규모 생산자들은 생산 수단을 잃고, 농민들은 토지에서 쫓겨나 대량의 실업자로 전락해 도시로 몰려드는 상황이었지요. 이러한 심각한 사회 문제에서 자극을 받아 부(富)의 분배 문제가 등장하게 되지요. 이 분배 문

매뉴팩처
16세기 중엽에서 18세기 후반까지의 특징적인 공업생산 방식을 뜻합니다. 자본가(기업주)에 고용된 다수의 수공업자가 한 작업장에 집결하여 기업주의 지휘하에 공업 생산에 종사하는 경영형태입니다. 고용 인원이 10명 이내인 소규모 형태의 공장에서 1,000명이 넘는 특권 매뉴팩처까지 다양하게 존재하였습니다.

제에 대한 접근에서 시대적 조류의 지류에서 파악하려 한 반면, 리카도는 그 주류에서 문제를 파악하였기 때문에 고전파 경제학의 완성자라 할 수 있습니다.

맬더스와 리카도, 최후의 승자는?

그럼 나와 리카도 사이에 벌어진 곡물법(Corn Law)에 관한 견해 차이에 대하여 살펴보도록 합시다. 실제로 나는 지주 계급의 이익을 대변한 반면에 리카도는 본인 자신이 토지를 소유한 지주이면서도 신흥 자본가들의 이익을 대변했지요.

먼저, 이러한 논쟁이 벌어진 배경에 대해서 알아볼까요?

나와 리카도와의 곡물법 논쟁은 나폴레옹 전쟁이 막바지에 이르면서 대륙으로부터 곡물 수입이 증가한 결과 곡물 가격이 하락하게 되자 영국 의회에서 곡물 수입을 제한하려는 법을 새로 수정하는 문제가 제기되면서 시작되었지요.

18세기 중엽 이후 식량 수입국으로 바뀐 영국은 국내의 식량 확보를 위해 외국산 식량의 수입을 장려하려는 곡물법이 제정되었고, 그에 따라 국내의 곡물 가격이 하

곡물법
영국에서 12세기 이래 지주 계급의 이익을 보호하기 위하여 곡물의 수입을 규제하기 위한 법률입니다. 이 법은 영국의 인구 증가와 나폴레옹 전쟁을 치르면서 대륙 봉쇄령에 의해 식량이 부족하게 되었던 18세기 말엽과 19세기 전반에 정치적인 논쟁이 되었습니다. 그 뒤 곡물법은 자유무역론자들의 반대로 1846년 폐지되었고, 이는 곡물에 대한 보호 무역 정책으로 방해받고 있었던 신흥 자본가(제조업자)가 지주 계급에게 승리를 거둔 것을 의미했습니다.

나폴레옹 전쟁
나폴레옹 전쟁(1799~1816)은 프랑스가 나폴레옹 1세(Napolon Bonaparte, 1769~1821)의 지휘 하에 유럽의 여러 나라와 싸운 전쟁을 총칭하는 것으로 나폴레옹은 유럽 각국들과 60회나 되는 전쟁을 벌였지요.

락하게 되자 지주들은 큰 손해를 보게 됩니다.

　지주들은 그 손해를 만회하기 위해 의회에 압력을 가하고 그 결과 1773년에 곡물법이 공포되지요. 이것은 원래의 곡물법 제정의 목적과는 달리 곡물의 수입을 제한하자는 내용이었지요. 이는 지주 계급의 이익을 옹호하기 위해 제정된 것으로 국내에서 일정한 곡물 가격을 유지하기 위하여 곡물 수출입을 규제하는 법률이었습니다. 이 법은 소맥 1쿼터당 48실링 이상인 경우에 한하여 수입을 허가하도록 규정하였는데, 1791년에는 다시 최저 가격을 54실링으로 인상하게 되지요.

　나폴레옹 전쟁이 시작된 이후 영국의 식량 사정은 더욱 악화되었으며, 1795년에는 흉작이 겹쳐 곡물 가격은 급격히 상승하여 1812년에는 소맥 1쿼터당 120실링에 달하는 곡물 가격의 폭등을 경험하게 됩니다. 그러나 나폴레옹의 **대륙 봉쇄**가 해제되고 이듬해 농작물의 풍작으로 곡물 가격은 하락하여 1815년에는 1쿼터당 67실링으로 떨어지게 됩니다.

　이 과정에서 의회를 장악한 지주 계급들은 값싼 곡물 수입의 억제를 통해 국내 곡물 가격의 하락을 저지하고, 높은 지대 수입 보장이라는 명분을 확보하기 위해 곡물법을 1815년 2월에 새로 수정하게 되지요. 이 신곡물법은 1773년의 곡물법을 근거로 1815년 5월 곡물 가격이 소맥 1쿼터당 80실링 이상일 때에만 곡물 수입을 허가하며, 수입되는 곡물에도 고율의 관세를 부과할 수 있도

대륙 봉쇄
나폴레옹 1세가 산업 혁명이 진행 중이던 영국을 경제적으로 봉쇄한 뒤 유럽의 여러 나라들을 프랑스와 통상을 맺게 하여 유럽의 경제를 지배하기 위해 취한 정책을 말합니다. 1806년 11월에 러시아에서 에스파냐에 이르는 유럽의 여러 나라들로 하여금 영국과의 무역을 금지시켰지만 1810년 러시아가 영국과 무역을 재개하게 되자 나폴레옹은 러시아 원정을 감행해 러시아를 치려고 하였지만 오히려 러시아에게 대패를 당해 몰락의 길로 접어들게 되었습니다.

록 바꾸게 되지요.

이 법은 나폴레옹 전쟁 후 프랑스, 우크라이나, 흑해 연안 지역에서 생산된 값싼 곡물의 수입을 저지하기 위한 것으로 지주의 이익을 반영한 것이었습니다.

이렇게 곡물법이 바뀌면서 누가 이득을 보고, 또 누가 손해를 보았을까요?

보호 무역론

한 나라의 산업을 보호 육성하기 위하여 국가가 적극적으로 개입하여 수입을 규제해야 한다는 이론입니다. 보호 무역을 주장하는 핵심적인 이유는 유치 산업(설립된 지 얼마 되지 않아 유아기에 있는 산업)의 보호, 국민 경제의 안정과 국가 안보, 국내 고용 안정 등을 들고 있습니다. 보호 무역을 위한 정책 수단으로 관세 장벽 및 비관세 장벽이 있어요.

자유 무역론

국가가 수출을 통제하거나 수입을 제한하지 않고 자유롭게 방임하는 것이 국가적으로나 국제적으로 다 같이 이익이 된다는 이론입니다. 무역을 자유롭게 방임하면 세계 각국이 각자 비교 우위에 있는 상품을 생산하여 교역하게 되기 때문에 자원이 효율적으로 배분되고 국제 분업의 이익이 실현된다고 주장합니다.

이 곡물법의 개정으로 지주 계급들과 농업 자본가들의 이익은 보장되었지만 곡물을 소비하는 일반 시민들과 곡물 가격 상승으로 높은 임금을 지불해야 하는 자본가들은 막대한 손실을 보게 됩니다. 또 영국의 곡물 수입 규제에 대한 반발로 대륙의 여러 나라들이 영국 상품의 수입을 억제하게 되면서 영국의 산업 자본가들은 상품 수출의 판로가 어렵게 되어 많은 손실을 볼 수밖에 없는 상황에 직면하게 되었지요. 결국 산업 자본가들은 곡물법 폐지를 주장하는 운동을 전개하게 되었고, 이러한 상황에서 나는 지주와 농업 자본가들의 이익을 옹호하는 보호 무역론을 주장하기에 이르렀고, 리카도는 신흥 자본가들과 일반 시민들의 이익을 옹호하는 곡물 수입을 자유화하자는 자유 무역론으로 대응하게 되었지요.

이렇게 하여 친구 사이에 곡물법 철폐 여부를 둘러싸고 리카도와 격렬한 논쟁을 하게 됩니다.

그러면 두 사람이 주장한 이론들을 구체적으로 살펴볼까요?

먼저, 곡물 수입 제한론은 지주들의 사회적 기능에 도덕적 정당성을 부여하고 있지요.

'지대는 단순한 명목 가치도 아니고, 또 한 무리의 사람들로부터 다른 무리의 사람들에게 쓸데없이 유해하게 이전되는 가치가 아니라 국민 재산의 모든 가치 중 가장 진실되고 본질적인 부분이다.'라고 생각했어요. 또 '공업 인구의 너무 높은 비율은 국민들에게 좋은 것이라고 생각되지 않는다.'라고 말하는가 하면 '하층 계급 인구의 항구적인 행복과 커다란 재난에 대한 안전이라는 관점에서 어느 정도 공업의 발전을 지연시키는 희생을 치르더라도 농업과 보조를 맞추어 나가는 것이 바람직하다고 생각한다.'라고 말하기도 합니다.

곡물 수입을 제한하자고 주장한 논리는 첫째로, 식량은 국민 생활의 기본적인 필수품으로 그것을 외국에 의존하는 것은 위험하다는 것이었지요. 둘째로, 곡물 가격 하락은 국내의 토지 경작을 저해하여 지대를 하락시키고 농업 자본을 파괴한다는 것이었고요. 셋째로, 곡물가격 하락은 실질 임금을 떨어뜨려 노동자들의 생활을 어렵게 한다는 것이었습니다. 넷째로, 곡물 가격 하락은 일반 물가를 동반 하락시켜 경제 침체를 불러와 사실상 자본가에도 이로울 것이 없다는 것이었습니다.

이러한 주장을 바탕으로 자유 무역으로 이익을 보는 사람들은 자본가들 중에서도 무역업에 종사하는 극소수의 사람들뿐이라고 생각했던 것이지요.

반면에 리카도는 상공업이야말로 국가 경제의 원동력이며, 산업 자본가의 이윤 증대는 경제 발전의 원천이라고 주장합니다. 곡물의 자유로운 수입은 산업 자본가들의 이익뿐만 아니라 산업의 발전을 통해서 임금 노동자들에게는 일자리를 제공하고 농업 자본가들에게는 새로운 투자 기회를 제공할 것이라고 보았던 것이지요.

리카도는 장기적인 경제 발전 과정에서 상품의 가격과 임금, 이윤 및 지대가 변동하는 원리를 밝힘으로서 비생산적인 지주 계급의 소득을 증가시키는 곡물 가격 상승은 자본 축적의 원천인 이윤을 감소시킨다는 사실을 강조합니다.

리카도는 상품의 가격과 임금, 이윤, 지대가 변동하는 원리를 3단계로 나누어 설명하고 있어요.

1단계로는 노동 생산성이 극히 낮을 때 전체의 생산물은 임금에 충당된다고 보았지요. 2단계로는 어느 정도 자본이 축적되고 노동 생산성이 향상되면 노동 생산물 중 일부가 임금으로 지불되고 나머지는 이윤이 됨에 따라 임금과 이윤은 서로 반대되는 관계에 있게 된다는 것입니다. 3단계로는 자본 축적과 인구 증가가 일정 수준 이상 진행되면 열등지의 경작이 불가피하여 동일 생산물을 획득하는 데 더 많은 자본과 노동이 들고, 최열등지에 투하된 자본도 평균 이윤을 얻어야 하므로 이윤율은 하락하고 우등지에서는 임금과 이윤을 지불하고도 수익이 남아 지대를 형성하게 된다고 보았지요. 결국 열등지가 경작됨에 따라 이윤은 하락하고 지대는 상승하는 경향이 나타나게 되는 것이지요.

리카도는 곡물 가격의 변동이 경제 전반에 영향을 미치는 과정을 설명하기 위해 자유 무역을 주장하는데, 곡물의 자유 무역에 의한 곡물 가격의 하락은 <mark>명목 임금</mark>의 하락을 통하여 이윤을 증대시키므로 사회의 번영을 가져올 수 있다고 생각했던 것입니다.

리카도가 자유 무역을 외치고 있을 무렵, 노동자들은 임금의 절반 가량을 곡물로 만든 빵을 구입하는 데 지출하고 있는 상황이었어요. 따라서 값싼 곡물의 수입을 막는 것은 노동자들이나 고용주(자본가)들에게도 모두 손해였지요. 더군다나 보호 무역을 주장하는 사람들은 다른 나라에 더 많은 상품을 판매함으로써 더 많은 일자리가 늘어난다는 것을 고려하지 않았어요. 리카도는 지주 계급의 이익은 항상 다른 계급의 이해와 대립한다고 주장해 지주들의 원성을 사게 됩니다.

> **명목 임금**
> 임금을 한 나라에서 통용되는 화폐 단위의 금액으로 나타낸 것을 말합니다. 이에 대하여 실제로 구입할 수 있는 상품의 양으로 표시한 것을 실질 임금이라고 합니다.

나와 리카도의 주장을 정리해 볼까요?

먼저, 나는 곡물법의 유지를 주장했다고 했지요. 보호 무역을 옹호한 것으로 외국 곡물 수입 → 곡물 가격 하락 → 임금 하락 → 국내 수요 감소 → 불황(일반적 과잉 생산) → 지주 수입 감소 → 국내 수요 감소 → 불황으로 연결될 수 있다는 것이었지요.

한편, 리카도는 산업 자본가의 입장에서 곡물법에 반대하고 자유 무역을 옹호했다고 했지요. 리카도는 자유 무역 → 곡물 가격 하락 → 명목 임금 하락 → 이윤 증대 → 자본 축적의 과정을 거쳐 고용기

회를 증대시킴으로써 노동자의 생활 여건을 개선하고 공업의 발전으로 경제적 번영을 가져올 수 있다고 보았지요.

그럼 이 곡물법의 논쟁에서 최후의 승자는 누구였을까요?

이 곡물법 논쟁은 1846년에 곡물법이 폐지됨으로써 종결되었지요. 리카도가 세상을 떠난 지 23년이 지나 이루어졌습니다. 아일랜드의 기근을 계기로 로버트 필(Robert Peel) 수상이 신곡물법 폐지 법안을 제출하여 의회의 가결을 받았지요. 결국 산업 자본가의 승리로 귀결되었으며 자유무역 체제 확립의 중요한 계기가 되었습니다. 영국은 곡물법 폐지에 따른 외국의 저렴한 소맥이 대량 유입되어 빵 가격의 경우, 19세기 중엽에 3분의 1로 하락하였고, 이에 따라 노동자를 중심으로 한 국민들의 생활 수준은 향상되었으나, 농업은 정체의 길을 걷다가 1880년경에 이르러 쇠퇴하기 시작합니다.

이것은 산업화 과정에서 기득권에 안주하고 있던 지주 및 농업 자본가에 대한 신흥 자본가와 일반 시민들의 승리이자, 리카도의 승리였지요.

아일랜드의 기근
1847년에 영국인들의 착취로 인해 많은 곡식을 빼앗긴 아일랜드인들은 그들의 주식인 감자마저 마름병으로 먹을거리가 없어지자 전체 800여만 명의 아일랜드 인구 중 200여만 명이 사망하고 남은 인구 중 200여만 명도 해외로 이주해 결국 아일랜드의 인구가 절반으로 감소한 사건을 말합니다.

이게 말이 돼?

공고

곡물법 개정
소맥 1쿼터당 80실링 이상일때만 곡물 수입을 허가하며 고율의 관세를 부과한다.
영국의회

외국에서 값싼 곡물이 수입되면 국내 농업 자본이 파괴되고 경기가 침체되니까 그런 거잖아.

야, 노동자들이 임금의 절반을 빵 사는데 쓴다는 거 몰라? 값싼 곡물 수입을 막으면 땅을 가진 지주들만 좋은 거 아냐!

식량을 외국에 의존하는 것은 넌센스야!

자유 무역은 오히려 모든 국민에게 이로워!

우리는 맬더스를 지지한다!

곡물법 고수!

곡물법 폐지 자유 무역 만세!

< 멜사모 >
멜더스를 사랑하는 지주들의 모임

< 리사모 >
리카도를 사랑하는 신흥자본가들의 모임

두 사람의 곡물법 논쟁은 1846년 곡물법이 폐지됨에 따라 종결되었다.

내가 졌다. 친구야.

당연한 거 아냐?

산업화에 대처하지 못하고 기득권에만 안주했어…

리카도 승!

칩을…

의기양양

저 출 산 의
현 실 적 인   문 제 는 ?

인구론의 핵심 주장은 인구가 식량 공급보다 더 빠르게 증
가하는 경향이 있기 때문에 인류는 영원히 빈곤의 굴레에서
벗어날 수 없다는 것이었지요. 그러나 우리나라를 비롯해
대부분의 선진국에서는 인구 과잉이 문제가 아니라 저출산
으로 오히려 인구 증가가 둔화되는 것을 심각한 문제로 받
아들이고 있는 것이 현실입니다. 일부 개발 도상국들은 인
구 문제로 골머리를 앓고 있지만 말이죠? 이번 수업 시간에
는 맬더스가 예언한 것과 달리 왜 저출산의 문제가 심각한
사회문제로 인식되고 있는지? 저출산의 문제를 해결할 수
있는 묘안은 없는지 살펴보도록 합시다.

왜 인구 과잉보다 저출산의 문제가 더 심각할까요?

나는 인간과 동물에 공통적인 식욕과 성적 본능이라는 두 가지 관점에서 인간 사회를 설명하고 예측했습니다. 인간의 성욕은 참을 수 없을 정도로 강한 반면에 인간의 식욕 본능을 충족시키기 위한 수단인 식량은 자연의 힘에 의해 엄밀히 제약되고, 이것은 거부할 수 없는 현실이며 이로부터 인류의 비극은 시작된다고 주장했습니다.

앞에서 공부한 것과 같이 『인구론』의 핵심적인 내용은 인구가 식량 공급보다 더 빠르게 증가하는 경향이 있기 때문에 인류는 영원히 빈곤의 굴레에서 벗어날 수 없다는 것이었지요.

그러나 우리나라를 비롯해 대부분의 선진국에서는 인구 과잉이 문제가 아니라 저출산으로 오히려 인구 증가가 감소되는 것을 심각한 문제로 받아들이고 있는 것이 현실입니다. 일부 개발 도상국들은

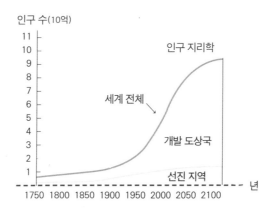

인구 수(10억)

인구 지리학

세계 전체

개발 도상국

선진 지역

년

1750 1800 1850 1900 1950 2000 2050 2100

세계 인구의 성장 추세

인구 문제로 골머리를 앓고 있지만 말이죠?

　이번 수업 시간에는 예언한 것과 달리 왜 저출산의 문제가 심각한 사회 문제로 인식되고 있는지? 저출산의 문제를 해결할 수 있는 묘안은 없는지 살펴보도록 합시다.

　오늘날 대부분의 국가에서는 『인구론』에서 "인구는 제한하지 않으면 기하급수적으로 늘어난다."고 지적했던 현상과 다르게 저출산·고령화의 문제로 심각한 고민에 빠져 있지요. 인구는 인류가 지구상에 생긴 이래 꾸준히 늘어왔고, 인구가 크게 줄어든 시기는 전쟁이나 전염병 확산 등 외부적 요인이 작용했을 때 뿐이었어요. 그런데 오늘날 전쟁과 전염병의 확산이 없음에도 불구하고 인구가 줄어들고 있습니다. 특히 한국, 일본, 유럽 등에서는 저출산·고령화의 문제가 심각한 양상으로 전개되고 있어요. 사실 인구는 많아도 문제고, 적어도 문제지만 말입니다. 인구 문제는 사실 통계의 문제는 아니고 민족과 종교의 대립, 식량과 에너지 부족, 환경 파괴 등 여러 문제와 복잡하게 뒤얽혀 있기 때문에 문제지요.

한국 저출산의 현황을 알아볼까요?

한국의 경우 저출산은 보다 심각한 문제로 다가오고 있지요. 1960년대 한국의 합계 출산율은 여성 1인당 5명 이상이었고, 1970년은 4.53명이었으나, 지속적인 가족계획의 실시로 1983년에는 2명 이하로 줄어든 이후 1.6명 수준에서 안정되어 왔으나, 2004년에 1.16명, 2005년 1.08명, 2007년 1.25명, 2009년에는 1.15명에 정도에 불과한 상황이지요. 경제 협력 개발기구(OECD) 국가들 중 최저 수준입니다.

> **교과서에는**
> 2004년 한국의 합계 출산율은 1.16명으로 세계 최저 수준을 기록하였습니다. 한국은 전 세계를 통틀어 출산율이 가장 낮은 10개 국 중 하나입니다.

한편, 출생아 수도 1970년 100만 6,645명에 이르던 것이 1980년 86만 2,835명, 1990년 64만 9,738명, 2000년 63만 4,501명으로 줄어들었고, 2005년에는 43만 5,031명으로 감소했다가 2007년은 황금돼지해로 일시적으로 증가했으나, 2008년에는 다시 감소해 46만 5,892명, 2009년 44만 5,200명으로 줄었습니다.

이러한 저출산의 원인은 어디에 있을까요?
출산율 감소는 인구학적, 사회·경제적, 문화적 요인 등 다양한 측면에서 일어나고 있지요. 먼저, 인구학적으로 출산율을 감소시키는 가장 큰 요인은 초혼 연령이 늦어지고 있다는 것이지요.

1972년에 남성은 26.7세, 여성은 22.6세였던 초혼 연령이 2008년에는 남성이 31.4세, 여성은 28.3세로 늘어나고 있어요. 그 원인은 안정된 직장을 구하기가 힘들어 젊은이들의 경제적 독립이 지연되고 결혼 준비에 들어가는 시간이 많아지기 때문이 아닌가 싶어요. 결혼이 늦어짐에 따라 출산이 지연됨으로써 가임 기간이 줄어들어 출산 자녀 수도 감소할 수밖에 없습니다. 또 미혼 인구의 증가도 저출산에 큰 요인으로 작용하고 있지요.

둘째로, 경제적 측면에서 출산율 감소는 국가적인 경제적 어려움 때문이기도 하지요. 경제적 위기 때에는 국가의 사회 복지 지출이 나라살림 지출의 우선 순위에서 밀려나 가정에서는 자녀의 양육 비용을 비롯한 전반적인 지출 증가로 출산을 꺼리는 경향이 오히려 증가할 수 있기 때문이지요.

그리고 여성의 사회적 진출이 확대되고 정작 결혼할 나이에 이른 성인 남녀의 실업률이 상승한 것도 출산율 감소의 중요한 요인이지요. 출산율 저하의 다른 경제적 요인의 가장 큰 원인은 자녀를 양육하는데 따르는 보육비, 교육비, 특히 사교육비가 많이 들기 때문이라고 할 수 있어요.

독자 여러분들도 학교 수업 시간이 끝나면 학원 수업이나 과외로 보내는 시간이나 비용 지불이 꽤 많지요? 어떻게 보면 저출산은 사실 젊은 부부들이 '애 낳기'를 거부하고 있는 것이나 다름없어요. 그만큼 애를 낳아 기르기가 어렵다는 이야기가 아닐까요?

이 외에도 소득 및 고용의 불안정, 육아지원 기초 시설의 부족, 집값 상승에 따른 내집 마련 부담의 증가 등 다양한 요인들이 복합적으로 작용하기 때문에 출산율이 감소한다고 볼 수 있지요.

셋째, 사회 문화적 요인으로는 일과 가정의 양립이 불가능한 사회적 분위기 때문이기도 합니다. 일하는 여성의 경우 바깥일과 가사를 모두 하기가 어렵지요. 우리의 남성 중심적 사고가 강하게 자리하고 있는 문화가 문제인데 남편들은 가사나 애 돌보기 등은 여성이 해야 하는 일로 생각하는 경향이 강하거든요. 그래서 남편은 집에 들어오면 손 하나 까딱 않고 아내에게만 가사 노동을 전담시키는 경우가 많습니다.

또 다른 문화적 요인으로는 결혼에 대한 인식의 변화, 자녀의 필요성에 대한 태도 변화 등 가치관의 변화도 출산율 저하에 기여한다고 볼 수 있고요. 낙태와 불임, 이혼율 증가, 가족계획의 영향도 컸다고 볼 수 있지요. 특히 1960년대 이래 시행된 국가의 가족 계획 정책, 즉 산아 제한 정책은 출산율 저하에 큰 기여를 했지요. 1960년대에는 가족계획사업 10개년 계획을 수립하고 피임약을 무료로 제공하였고, 1970년대에는 자녀 둘 낳기 운동 등을 전개했어요. 심지어 자녀 수가 많으면 동물취급을 받는 수준이었지요.

1980년대 후반에야 무료 피임 도구의 공급을 중지하고, 1996년에 와서야 산아 제한 정책을 폐기하고 2006년에 이르러서야 저출산에 따른 폐해를 알고 '저출산 고령화 기본계획'을 수립하여 출산 장려 운동을 시행하고 있습니다.

이제 이런 출산율 감소로 인한 사회적인 문제는 어떤 것이 있나 알아봅시다. 저출산으로 야기될 수 있는 문제는 미래 사회 전반에 엄청난 충격을 줄 가능성이 있다는 점이지요.

먼저, 노동 공급이 감소하고 노동력의 고령화로 노동 생산성이 낮아지는 등 미래의 성장 동력 기반이 붕괴될 가능성이 있다는 점입니다. 둘째, 저출산으로 세수 기반

이 감소하고 사회 보험 가입자는 줄어드는 반면에 노인 인구의 증가로 사회 보험 지급 비용은 늘어나 나라 살림에 어려움을 줄 가능성이 크다는 것입니다. 셋째, 저출산으로 국내 수요가 감소하여 기업의 투자가 줄어드는 등 경제 성장이 둔화되고 개인의 삶의 질이 악화될 수 있다는 점도 문제지요. 저출산은 궁극적으로 인구 구조의 불균형을 초래하여 우리 사회에서의 많은 위험과 비용을 초래할 가능성이 많다는 점입니다.

또 인구 변동은 영유아나 가임 여성을 대상으로 한 생산 업체의 생산이나 수익, 보육 시설 또는 유치원 입학 문제, 초·중·고·대학의 학령 인구, 대학의 통폐합, 군대의 징병 제도, 소비·생산 시장과 연금이나 보험 지출 등의 국가 살림에도 영향을 미치게 되지요.

한편으로는 저출산이 바람직하다는 입장도 있어요. 우리나라의 경우, 인구 밀도가 높기 때문에 인구 감소를 통하여 인구 밀도를 줄여야 한다는 의견도 있습니다. 도시의 과밀 해소는 땅값 하락, 주거

환경 및 자연 환경의 개선에 도움을 줄 수 있다는 것이지요.

저출산의 문제를 해결하려면 어떤 노력들이 필요할까요?

그 동안 우리는 출산율 감소의 원인과 그 사회적 영향에 대해서 살펴보았습니다. 그러면 저출산의 문제를 해결하기 위해서는 어떤 노력들이 필요한 것인지 함께 공부해 보도록 합시다.

먼저, 초혼 연령을 낮추기 위해서는 실업이 줄고 일자리가 많이 늘어나야 합니다. 이를 위해서는 결혼 적령기에 들어선 청년들의 안정적인 일자리를 만들어 내는 것이 중요한 과제입니다. 요즘 젊은 20대 거의 절반이 백수건달 생활을 한다는 '이태백'이니 비정규직의 표준 임금이 88만원이라서 '88만 원 세대'니 하면서 젊은 청년들이 불안정 고용에 노출되어 있는 것이 현실입니다.

청년들의 경제적 독립이 초혼 연령을 앞당기는 가장 중요한 해결책이지 않은가 싶네요. 여기에 주거 문제, 즉 전셋 값을 비롯한 집값이 하향 안정화되어 청년들이 주거 문제 때문에 결혼을 미루는 일이 없도록 하는 것도 필요합니다.

둘째로, 결혼 후에도 일과 가정이 양립할 수 있는 환경 조성 및 인식의 변화와 함께 남녀 평등의 직장 문화가 정립되어 여성들이 안심하고 직장 생활을 할 수 있어야 하고요. 또 전업 주부도 둘째나 셋째 아이를 기꺼이 가질 수 있도록 하는 양질의 출산, 보육 및 양육 시설 등의 환경이 확보되어 자녀를 낳고 기르는 비용이 줄어들어야 합니다. 애만 낳아 놓으면 보육 및 양육을 국가가 책임지는 정책이 전제

되지 않으면 저출산의 문제는 해결될 수 없겠지요.

셋째로, 과도한 사교육비 부담을 줄일 수 있도록 공교육이 정립되어 다자녀에 대한 교육비 부담도 줄여야겠지요. 젊은 부부들이 자녀를 낳고 기르는데 아무 걱정 없이 해 주는 것이 결국은 가장 좋은 출산 장려 정책이라고 볼 수 있는 것이지요.

결국 저출산 문제의 해답은 복지 국가 밖에 없지요. 프랑스나 스웨덴의 경우 우리나라보다 출산율이 훨씬 높습니다. 프랑스는 한때 출산율 하락을 경험했으나, 출산 및 양육을 국가 책임으로 받아들이고 공공 보육 지원, 남성이나 여성의 출산 휴가 연장, 가족 수당 지급 등 출산을 장려하는 정책을 통해 저출산의 문제를 극복했어요. 우리도 더 늦기 전에 선진국들의 정책을 타산지석으로 삼아 복지 국가로 가는 길만이 문제 해결의 열쇠에 다가갈 수 있습니다.

내 인구론의 핵심은 인구가 식량보다 빨리 증가해 인류는 영원히 빈곤의 굴레를 벗지 못한다는 것입니다.

현재

저출산으로 인한 인구 증가의 둔화가 심각한 수준입니다.

Korea

Japan

EU

초혼 연령의 상향

너 시집 안가?

이게 겨우 서른이야. 왜 그래?

양육 및 교육비 부담 가중

애 낳으면 힘드니까!

우리끼리 잘 살자!

일과 가정의 양립 불가

나야, 일이야. 하나만 택해!

위와 같은 문제들로 출산율이 떨어지는데 이대로 가다가는….

인구 구조의 불균형을 초래해서 우리 사회에 많은 위험과 비용을 가중시킬 수 있어요.

우리 좀 먹여 살려!

저출산 문제의 해답은 뭡니까?

아이를 낳아 기를 수 있는 환경을 만들어야 한다는 건데, 결국 '복지 국가' 아니겠어요?

성장의 한계

로마 클럽
로마 클럽은 1968년 4월에 서유럽의 정계, 재계, 학계의 주요 인사들이 이탈리아 로마에서 모여 결성한 국제적인 미래 연구 기관입니다.

『성장의 한계(The Limits to Growth)』는 로마 클럽(the Club of Rome)이 1972년 경제학자들과 기업인, 정치인들이 경제 성장과 과학에 대한 비판의 일환으로 발표한 보고서입니다. 경제 성장이 환경에 미치는 부정적인 영향을 『성장의 한계』라는 책으로 발간하였는데, 발간과 동시에 베스트셀러가 되면서 국제적인 명성을 얻기 시작했으며, 오늘날까지 환경 문제에 관한 고전으로 평가받고 있습니다. 이 보고서는 세계 모형을 바탕으로 경제 성장과 관련된 비판적 분석을 하고 있는데, 크게 다섯 가지 문제를 중심으로 전개됩니다.

첫째, 인구 문제로서 인구는 계속해서 연 2.1%로 증가하는 데 반해 식량 산출량은 인구 증가율을 따라잡지 못한다는 것. 둘째, 공업 생산은 연 5%씩 증가하는데 자본재가 없어지는 속도는 공업의 성장 속도보다 훨씬 빠르다는 것. 셋째, 식량 수요의 지속적 성장은 인구 증가의 직접적 결과이기 때문에 지구의 모든 땅이 활용된다 하더라도 결국 인구를 먹여 살릴 식량 생산은 한계에 이를 수밖에 없다는 것. 넷째, 재생 불가능한 자원의 사용 속도는 인구나 공업 성장의 속도보다 빠르게 증가해 마침내는 고갈될 수밖에 없다는 것. 다섯째, 인구와 공업 활동의 영향을 받아 갈수록 지구의 환경 오염은 가속화될 수밖에 없다는 것 등입니다.

이 다섯 가지 문제를 종합해 이들은 현재의 성장 추세가 계속 변하지 않는 한 앞으로 100년 안에 성장의 한계에 도달할 것이라고 보았습니다. 즉 유한한 환경에서 계속 인구 증가 · 공업화 · 환경 오염 · 식량 감소 · 자원 고갈이 일어난다면 성장은 한계에 이른다는 것입니다.

이 보고서는 연구 과정에서 부정확한 가정과 자료가 입력되어 분석 결과의 신뢰성이 의심된다는 점에서 비판을 받았습니다. 그리고 환경 오염을 바탕으로 발전한 선진국들이 자신의 잘못을 성장의 열매를 한 번도 누려보지 못한 개발 도상국들에게 떠넘기려고 한다는 비난도 받았지요. 지나치게 전 인류의 위기를 강조한 나머지, 자원의 불균형을 비롯한 선진국과 개발 도상국 사이의 차별성을 무시하고 문제의 본질을 왜곡하고 있다는 평가도 받았지요. 또 지구의 미래와 기술의 기여도를 지나치게 비관적으로 보고 있다는 비판을 받기도 했지만, 1970년대 이후 환경 오염에 대한 세계적인 관심을 증폭시키는 데 결정적인 역할을 한 것으로 평가받고 있습니다.

많은 학자의 비판을 받았던 보고서지만, 이후에 다수의 유사한 연구들이 진행되면서 성장의 한계가 말하는 결론이 크게 틀리지 않았다는 것을 알게 됩니다. 지구는 유한하며 단지 제한된 자원과 생존 공간을 가지기 때문이지요.

1972년 로마 클럽에서 발간한 보고서 『성장의 한계』

"맬더스의 비극은 유효한가?"

나는 가난한 사람의 구제를 가장 열심히 반대한 세계 최초의 경제학 교수였지요. 나의 경제학은 지주 계급의 이익을 옹호하는데 쓰였으며, 빈민과 자본가 계급에 대한 공격으로 일관하고 있습니다.『인구론』은 빈곤의 원인이 사회 제도에 있지 않고, 빈곤은 신의 섭리라는 것을 말하고 있어요.

『인구론』의 주장은 다음 세 가지로 요약되지 않을까 싶은데요.

첫째로 인구는 생계 수단의 제약을 받는다는 점입니다. 둘째로 생계 수단이 허용될 때 인구는 기하급수적으로 증가하는 반면 식량은 산술급수적으로 증가한다는 것이 자연법칙이라는 것입니다. 셋째로 인구 증가를 사전에 적절히 억제하지 않으면 인류는 빈곤을 피할 방법이 없다는 것입니다.

『인구론』에서 다음과 같이 말하고 있습니다.

"적어도 식량이 살아갈 수 있는 최소한의 몫으로 나누어진 후에는 생존 수단의 증가율이 어떠하든, 이것에 의해 인구 증가가 억제되어야 한다는 것은 분명한 사실이다. 이 수준을 넘어서 태어난 아이들은 성인의 사망에 의해 여유가 생기지 않는 한 반드시 죽어야 한다. ……그러므로 죽음을 가져오는 자연의 작용을 헛되고 어리석게 방해하기보다는 오히려 쉽게 이루어지도록 해야 한다. 기근이라는 무서운 형태의 재난을 두려워한다면 우리는 자연을 위해 다른 형태의 파멸을 부지런히 준비해 두어야 한다. 빈민에게는 청결함을 권고하지 말고 그 반대의 습관을 장려해야 한다. 도시의 거리는 더 좁게 만들고 집집마다 더 많은 사람이 북적거리게 하고 전염병이 잘 돌도록 유인해야 한다. 시골에서는 썩은 연못 근처에 마을을 만들고 특별히 불결한 늪지대에 정착하도록 해야 한다. 그러나 무엇보다도 인간을 황폐화시키는 질병을 특별히 퇴치하려는 것을 비난해야 한다. 또 무질서를 추방하는 계획을 추진함으로써 인류에 봉사하겠다는 자비롭지만 잘못된 생각에 사로잡힌 사람들을 비난해야 한다. 이렇게 해서 매년 죽는 사람이 늘어나면 ……아마도 우리는 모두 사춘기에 결혼해도 되고 완전히 굶어 죽는 사람도 별로 없을 것이다."

—인구론 中

이 주장에 따르면 인간은 성적 억제력을 갖추지 못해 스스로 부양할 수 없는 아이들을 낳고, 음주·도박·방탕으로 빈곤을 자초하고 있다는 것이지요. 따라서 인간의 제도로는 이들을 구제할 수 없다는 것이고, 또한 우리가 인위적인 대책을 마련하지 않더라도 신은 전염병, 전쟁, 천재지변, 기아 등 온갖 재앙을 통해 인구를 조절한다는 것이지요. 물론 이런 냉혹하고 비극적인 인구 억제책이 작동하기 전에 인구를 조절할 수도 있다고 보았지요.

예를 들면, 혼인연령을 늦춘다든가 성욕을 자제하는 등의 방법이 있는데, 이러한 온건한 인구 억제책이 성공하기에는 인간의 성욕이 너무 강하다고 생각했기 때문에 일반 대중은 영원히 빈곤에서 벗어날 수 없다고 생각했어요. 일반 대중의 생활수준이 최저 생계 수준

보다 높아지면, 무절제한 성욕 때문에 곧 인구가 증가하게 되고, 인구 증가가 식량이 허용하는 범위를 넘어서게 되면 기아, 전쟁 등 비극적 억제책이 작동할 수밖에 없다고 보았어요.

앞서 살펴본 바와 같이 『인구론』은 두 가지 기본 전제를 바탕으로 하고 있어요. 하나는 무절제한 인간의 성욕이고, 다른 하나는 식욕을 충족시키기 위한 수단의 한계이지요. 문제는 뒤의 전제로 오늘날 선진국의 경우 음식물이 남아돌고, 살을 빼기 위해서 식욕을 억제하느라 아우성인 현실은 당시의 시각으로 보면 이해할 수 없지요. 그러나 당시의 상황은 많이 달랐어요. 농사에 적합한 비옥한 토지는 부족하였고 농업 생산성은 높지 않아 식량 생산에 있어서만큼은 극복할 수 없는 자연의 한계가 컸었지요.

그렇지만 산업 혁명 이후 자본주의 사회는 나의 예측과는 정반대의 길을 걸어 왔지요. 식량 생산이나 인구 모두 빠른 속도로 증가하였으며, 1인당 소득도 같이 늘어났지요. 결과적으로 선진국은 식량 걱정 없이 성욕을 마음껏 충족시킬 수 있게 되었어요. 사실 나의 주장은 빗나간 거나 다름없게 되어버렸지요. 그 이유 중에 하나는 내가 기술 진보의 영향을 과소 평가하는 잘못을 저질렀다는 것이지요.

산업 혁명 이래 인류의 기술진보는 눈부시도록 빠르게 발전해 왔다는 것은 누구나 인정하는 사실이잖아요. 선진국의 경우 식량 문제나 빈곤 문제가 어느 정도 해결되었다고는 하지만, 새로운 형태의 문제들이 새롭게 제기되고 있어요. 그 중에서 에너지 자원의 고갈 문제나 환경 오염의 문제는 심각한 수준입니다.

이런 현실을 반영한 보고서가 『성장의 한계』라는 로마 클럽 보고서였지요. 1970년대 초 에너지 위기가 전세계에 맹위를 떨칠 무렵, 미국 MIT 대학의 몇몇 교수들은 식량 생산, 산업 생산, 지하자원 이용량, 인구 증가율, 환경 오염 물질 배출량 등 다섯 개의 변수를 기본으로 인류의 미래를 예측하는 복잡한 모형을 만들어, 이들 변수들에 대한 범지구적 자료들을 넣고 컴퓨터로 계산을 해 보았지요. 그 결과 인류가 앞으로 100년 이상 살기가 힘들다는 결과를 얻어냅니다. 인구 증가를 당장 멈추지 않으면, 자연자원의 고갈 및 환경 오염으로 인해서 머지않아 지구의 종말이 온다는 것이었고, 기술의 진보는 대재앙을 시간적으로 약간 늦출 뿐 결과를 바꿀 순 없다고 주장했습니다. 이런 암울한 진단을 '신 맬더스 이론'이라고 말하지요. 그렇지만 이러한 '신 맬더스 이론'은 비판에 직면하여 주목을 받지는 못합니다.

그 비판의 요지는 이렇습니다.

자본주의 시장 경제는 자동 조절 장치(보이지 않는 손)가 있기 때문에 걱정할 필요가 없다는 것이지요. 예를 들면, 자연자원이 고갈될 징후가 보이면 자연스럽게 그 가격이 올라가게 되고, 가격이 올라가면 수요가 줄어들게 된다는 논리지요. 또 다른 한편으로 자원을 절약하는 기술이나 대체 자원의 개발이 늘어나면서 사실상 자원의 공급이 늘어난 것과 같은 효과가 나타난다는 것이지요. 수요는 줄고 공급은 늘어나므로 자연자원 고갈 문제는 걱정할 필요가 없다는 것입니다. 그러나 1990년대 들어 대자연의 위력에 대한 나의 경고를

떠올리게 하는 암울한 현상들이 나타나기 시작한 것이지요.

그 대표적인 예가 대기권의 온도가 높아지는 지구의 온난화 문제입니다. 대기 온도가 올라가서 남·북극의 빙하가 녹아내리면 해수면이 높아져 2100년에는 해수면이 약 1m까지 올라가 많은 도서 국가들이 바다 물에 잠기게 되고 해안 도시는 엄청난 피해가 발생할 것이라고 합니다. 이런 해수면 상승 이외에 각종 기상이변, 홍수, 사막화, 생태계 파괴 등으로 인한 지구상의 피해 역시 엄청나게 클 것이라고 합니다. 물론 이런 주장에 대한 반론이 없는 것은 아닙니다. 지구의 역사로 볼 때 현재의 대기 온도 상승이 정말 기상 이변으로 볼 수 있는 것인지가 확실치 않을 뿐만 아니라, 이는 단지 지구의 대기 순환 운동의 일환일 뿐이라는 것입니다.

오늘날 부유한 선진국은 나의 불길한 예언으로부터 해방되었다고 말할 수도 있지요. 식량 생산의 급증에도 불구하고 인구 증가율이 크게 둔화되어 오히려 저출산의 문제를 걱정해야 하는 상황에 이르렀으니까요. 하지만, 나의 예언은 오늘날 지구 인구의 대다수가 살고 있는 아시아나 아프리카의 빈국에는 여전히 '맬더스의 비극'이 유효하게 적용되고 있다는 것이 문제가 아닐까요?

어찌되었든 나의 중요한 업적 중에 하나는 공황의 필연성을 발견한 점인데요. 자본주의가 근본적으로 과잉 생산 체제라는 것, 공황의 원인이 유효 수요 부족에 있다는 것을 언급한 최초의 인물이었지요. 나의 이런 논리들은 후대의 여러 학자들에 많은 영향을 미치게 됩니다.

기출 문제 활용 노트

2005년도(6월) 평가원 7번

다음 표로부터 옳게 추론한 것을 <보기>에서 모두 고른 것은? [3점]

항목 연도	인구 증가율	연령 계층별 인구 구성비			실업률
		0~14세	15~64세	65세 이상	
1970	1.99	42.5	54.4	3.1	4.4
1980	1.57	34.0	62.2	3.8	5.2
1990	0.99	25.6	69.3	5.1	2.4
2000	0.84	21.1	71.7	7.2	4.1
2002	0.63	20.3	71.4	8.3	3.1

(단위 : %)

<보기>

ㄱ. 청년 실업률이 높아지고 있다.

ㄴ. 노년 부양비*가 증가하고 있다.

ㄷ. 1990년 이수 총인구가 감소하고 있다.

ㄹ. 사회 복지 예산에 대한 노년층의 요구가 커질 것이다.

* 노년 부양비＝65세 이상 인구/15~64세 인구×100

① ㄱ, ㄷ   ② ㄱ, ㄹ   ③ ㄴ, ㄷ

④ ㄴ, ㄹ   ⑤ ㄷ, ㄹ

● 기출 문제 활용 노트 답안

〈2005년도(6월) 평가원 7번〉 답 ④

우리는 표를 통해 사회가 저출산, 고령 사회로 변화하고 있음을 알 수 있습니다.

ㄴ.에서 말하는 노년 부양비는 65세 이상의 인구를 15세 이상 64세 이하의 인구로 나누어서 백분위로 표시한 것입니다. 따라서 표에서 나타난 것과 같이 출산율은 점점 줄어들고, 65세 이상의 고령화 인구가 늘수록 노년 부양비는 증가한다고 할 수 있습니다.

ㄹ. 표를 통해 65세 이상의 인구의 비율이 증가하는 것을 알 수 있으며 이를 통해 노년층에 대한 사회 복지 예산이 증가할 것을 내다볼 수 있습니다.

찾아보기

경제학자가 들려주는 경제 이야기 04

멜더스가 들려주는 인구론 이야기

© 김용조, 2011

초판 1쇄 발행일 2011년 5월 16일
초판 3쇄 발행일 2021년 2월 5일

지은이   김용조
그린이   황기홍
펴낸이   정은영

펴낸곳   ㈜자음과모음
출판등록 2001년 11월 28일 제2001-000259호
주소   04047 서울시 마포구 양화로6길 49
전화   편집부 02) 324-2347 경영지원부 02) 325-6047
팩스   편집부 02) 324-2348 경영지원부 02) 2648-1311
이메일   jamoteen@jamobook.com

ISBN 978-89-544-2554-4 (44300)

과학자가 들려주는 과학 이야기 (전 130권)

위대한 과학자들이 한국에 착륙했다!
어려운 이론이 쏙쏙 이해되는 신기한 과학수업,
〈과학자가 들려주는 과학 이야기〉 개정판과 신간 출시!

〈과학자가 들려주는 과학 이야기〉 시리즈는 어렵게만 느껴졌던 위대한 과학 이론을 최고의 과학자를 통해 쉽게 배울 수 있도록 했다. 또한 지적 호기심을 자극하는 흥미로운 실험과 이를 설명하는 이론들을 초등학교, 중학교 학생들의 눈높이에 맞춰 알기 쉽게 설명한 과학 이야기책이다.

특히 추가로 구성한 101~130권에는 청소년들이 좋아하는 동물 행동, 공룡, 식물, 인체 이야기와 최신 이론인 나노 기술, 뇌 과학 이야기 등을 넣어 교육 과정에서 배우고 있는 과학 분야뿐 아니라 최근의 과학 이론에 이르기까지 두루 배울 수 있도록 구성되어 있다.

★ 개정신판 이런 점이 달라졌다! ★

첫째, 기존의 책을 다시 한 번 재정리하여 독자들이 더 쉽게 이해할 수 있게 만들었다.

둘째, 각 수업마다 '만화로 본문 보기'를 두어 각 수업에서 배운 내용을 한 번 더 쉽게 정리하였다.

셋째, 꼭 알아야 할 어려운 용어는 '과학자의 비밀노트'에서 보충 설명하여 독자들의 이해를 도왔다.

넷째, '과학자 소개·과학 연대표·체크, 핵심과학·이슈, 현대 과학·찾아보기'로 구성된 부록을 제공하여 본문 주제와 관련한 다양한 지식을 습득할 수 있도록 하였다.

다섯째, 더욱 세련된 디자인과 일러스트로 독자들이 읽기 편하도록 만들었다.